**Schwyzerdütsch für Anfänger**

Ruth Troxler, Thomas Gsteiger

# Schwyzerdütsch
## für Anfänger

Die 2000 wichtigsten Wörter,
Helvetismen und Redensarten

FARO

© 2012 Faro im Fona Verlag AG, Lenzburg, und Weltbild GmbH, Olten
www.fona.ch

**Umschlag** Stefanie von Däniken
**Konzept und Gestaltung** FonaGrafik, Stephanie Steimer
**Illustrationen** Sascha Wuillemet
**Druck** CPI – Ebner & Spiegel, Ulm

ISBN 978-3-03781-046-0

# Inhaltsverzeichnis

**8 Einleitung**

**10 Helvetismen und andere Eigenheiten**

**14 Wortbeispiele**
Essen/Küche 14 | Wohnen 15 | Haushalt 17
Bekleidung/Mode 18 | Familie 18 | Amtliches 19
Bildung/Schule 20 | Berufe 20 | Büro 21
Politik/Staat/Gesellschaft 22 | Militärisches 22
Feiern/Feste/Freizeit 24 | Auto/Verkehr 25
Allgemeines 26

**28 Grammatik**
Geschlecht 28 | Plural 28 | Fälle 29 | Vergangenheit 29
Gebrauch von *sein* und *haben* 30
Orthografie 30 | Morphologie 31 | Namen 32
Besonderheiten der Korrespondenz 33 | Stil/Wendungen 33

**36 Redewendungen**
Schweizerdeutsch – Deutsch

**42 Schweizerdeutsch – Deutsch A–Z**

**104 Deutsch – Schweizerdeutsch A–Z**

**151 Speisen/Lebensmittel A–Z**
Schweizerdeutsch – Deutsch

**156 Speisen/Lebensmittel A–Z**
Deutsch – Schweizerdeutsch

# Einleitung

# Einleitung

Was ist eigentlich Schwyzerdütsch? Na klar, dieses seltsame Idiom, das die Schweizer sprechen! Doch die Sache ist etwas komplizierter. Die Frage ist: Wer stellt die Frage, beziehungsweise, wer beantwortet sie?

Für einen Schweizer ist der Fall klar: Das Schweizerdeutsche ist die Gesamtheit aller schweizerdeutschen Dialekte. Ein Standardschweizerdeutsch gibt es gar nicht. Auf die Aufforderung hin, etwas auf «schwyzerdütsch» zu sagen, kann er nur in seinem Dialekt antworten. Oder was würden Sie sagen, wenn Sie ein Chinese auffordern würde, etwas auf indoeuropäisch zu sagen?
Für Deutsche liegt der Fall anders, und dies durchaus bis in höchste germanistische Kreise hinein, vorausgesetzt, Alemannisch wäre nicht gerade ihr Spezialgebiet. «Schwyzerdütsch» klingt so, wie es der Kabarettist «Emil» spricht, der in den 80-er Jahren Deutschland zum Lachen brachte. Dankbar wird dieses «Schwyzerdütsch» immer wieder von diversen Comedians aufgegriffen. Kehliges *ch*, dumpfe Vokale, rollendes *r*, an alle Substantive ein *–li* angehängt, schliesslich die wunderlich singende Sprechmelodie und fertig ist das «Schwyzerdütsch».

Was die Deutschen im Allgemeinen für «Schweizerisch» halten, ist aber durchaus Standardhochdeutsch, das meist allen Regeln einer neuen «Duden»-Ausgabe entspricht. Allerdings stimmt die Aussprache zweifellos nicht mit der gängigen Regelung, geschweige denn mit einer norddeutsch orientierten Bühnenaussprache überein. Dies wird auch nicht angestrebt und ist in Fernsehen und Rundfunk als gekünstelt empfundenes «Hauchdeutsch» geradezu verpönt. Für einen deutschen Hörer in der Schweiz fällt daher besonders die Betonung der ersten Silbe bei Abkürzungen auf. Man hört also: **C**D, **F**DP, **Y**B, **B**MW, **P**VC, **E**U, was übrigens durchaus einem korrekten germanischen Initialakzent entspricht. Kurioserweise bemüht sich ein hochdeutsch sprechender Schweizer oft, Wörter wie *Motor*, *Autor*, *Radiator* oder *Revisor* auf der letzten Silbe zu betonen, was leider zu viel des Guten ist.

Einleitung

Neben dieser offensichtlich eigentümlichen Aussprache gibt es aber noch feinere Unterschiede zum gängigen Standardhochdeutschen. Diese Besonderheiten werden als Helvetismen bezeichnet und umfassen einen eigenen Wortschatz. Gemeint sind nicht Dialektworte, die aus stilistischen Gründen oder aus Unkenntnis in hochdeutsche Texte eingeflochten werden. Auch die längst als Lehnwörter ins Standarddeutsche eingedrungenen Mundartausdrücke wie *Müsli*, *Lawine* (deutsch phonetisiert aus *Louwi*) oder *Putsch* bleiben hier unberücksichtigt. Zu letzterem kam es übrigens 1839 in Zürich anlässlich der Einführung von weltlichen Lehrern.
Die hier angeführten Beispiele betreffen eigentümliche Ausdrücke, die den deutschen Standardsprecher verwundern, eventuell belustigen oder völlig verwirren. Beispielsweise irritierte es den österreichischen Unternehmer Stefan Tomek doch sehr, als er anlässlich seiner Einwanderung von einem Schweizer Beamten nach dem Geschlecht seiner Frau befragt wurde (gemeint ist der Familienname). Der Schweizer Sprecher ist sich solcher Helvetismen in der Regel kaum bewusst. Die Schweizer Medien hingegen pflegen sie gezielt, um eine möglichst grosse emotionale Nähe zu den Lesern und Hörern herzustellen.

Natürlich mussten wir uns beim vorliegenden Buch auf eine Auswahl der gebräuchlichsten Dialekt-Wörter, vor allem aus dem Berndeutschen, Helvetismen und Redewendungen beschränken. Wir sind aber sicher, dass Ihnen unsere Auswahl den einen oder andern Denkanstoss geben oder einfach Spass und Freude an der Sprache machen wird. Begleiten Sie uns auf einer sprachlichen Reise durch die Schweiz von «Anke bis Zibele».

# Helvetismen

Das Deutsche ist generell eine sogenannte plurizentrische Sprache und das sprachliche Gesichtsfeld eines Berliners ist etwa ähnlich gross wie das eines Berners. Was dem Deutschen sein Schneebesen, ist dem Österreicher seine Schneerute und dem Schweizer sein Schwingbesen. Aber auch innerhalb Deutschlands weiss der Stuttgarter nicht unbedingt, was der Sachse unter einem Broiler (Brathähnchen) versteht und der Hamburger kann mit dem Münchner Blaukraut nicht viel anfangen, weil er es Rotkraut nennt. Naturgemäss bewahrt die Essenszubereitung die meisten regionalen Eigenheiten. Daher verwundert es nicht, dass gerade bei der Nahrung auch die meisten Helvetismen zu finden sind. Da aber hochdeutsche Entsprechungen oft fehlen oder selbst in der gehobenen Gastronomie als zu fremd empfunden werden, findet man hier die meisten nicht «verhochdeutschten» Begriffe: *Hörnli, Rüebli, Poulet, Nüsslisalat.* Somit stehen diese Ausdrücke zwischen mundartlichen Lehnwörtern und echten Helvetismen. Daneben werden einige Begriffe kurzerhand in eine hochdeutsche Lautung gebracht, ohne sie in eine standarddeutsche Entsprechung zu übertragen, die meist auch nicht bekannt ist: *Krautstiele* (Mangold), *Kefen* (Zuckererbsen), *Teigwaren* (Nudeln). Da im Kapitel Speisen/Lebensmittel viele Beispiele dazu stehen, können wir sie vorläufig ausser Acht lassen. Drei weitere umfangreiche Gruppen bilden Ausdrücke aus dem häuslichen Alltagsbereich «Wohnen/Haushalt/Bekleidung», dem gesellschaftlichen Leben «Bürokratie/Bildung/Arbeitsmarkt/Politik» und deren speziellen Untergruppe des Militärwesens.

Letzteres ist bezeichnend für die Schweiz, da nach wie vor praktisch jeder männliche Schweizer Bürger, sei es als Wehrdienstleistender oder Zivilschützer, mit dieser Sondersprache, die aber durch ihre starke Verbreitung bereits Teil der Gemeinsprache ist, in Berührung kommt.

Die Grenze zum süddeutschen Sprachraum ist übrigens durchaus fliessend und nicht so rigoros wie sie oft dargestellt wird. Gerade viele französische Ausdrücke sind auch in Deutschland durchaus gebräuchlich oder werden in einem gehobenen Kontext verwendet: *Trottoir, Pneu, Chassis, Büffet* (Möbel), *Coiffeur, Eclair, Fondue; Porte-*

*monnaie* ist sogar geläufiger als *Geldbeutel*. In Ostdeutschland wird beispielsweise *Signet* im Gegensatz zum Schweizerischen französisch ausgesprochen. Einige französische Lehnwörter sind aber trotzdem ausschliesslich in der Schweiz gebräuchlich, wie zum Beispiel der *Passepartout* (Haupt- oder Generalschlüssel), das *Cachet* (Eigentümlichkeit, Atmosphäre) oder die *Visite*, die sich nicht nur auf Ärzte beschränkt. Das durchaus gebräuchliche *écru* bedeutet *eierschalenfarben*. Natürlich gehören auch hierzu die Begriffe *Rechaud* (Stövchen) und *Caquelon* (Fonduepfannne). All diese Begriffe werden nicht etwa französisch betont, sondern urig «germanisch» auf der ersten Silbe.

Ähnlich verhält es sich mit englischen Lehnwörtern, die sich in allen deutschsprechenden Ländern durchgesetzt haben. Dies führt dazu, dass der Schweizer Sprecher manchmal über das Ziel hinausschiesst und sich besonders bemüht, beispielsweise anstatt *Lift Fahrstuhl* zu sagen. Auffällig sind in der Schweiz die vielen Lokale, die als *Tea Room* bezeichnet werden. Die Abgrenzung zu den Cafés ist nicht eindeutig, da in der Schweiz in beiden kein Alkohol ausgeschenkt werden darf. «Tea Rooms» (in der Schweiz immer zwei Worte) wurden in den schicken Hotels der Gründerzeit Mode und verbreiteten sich als eigenständige Lokale besonders in den 30er- und 50er-Jahren. Anders als die ebenfalls modischen Milchbars des Nachkriegsbooms, gehören sie bis heute zum prägenden Stadt- oder Dorfbild. Das (immer nur sächlich) «Tea Room» gehört meist zu einer «Confiserie». *Confiserie* ihrerseits entspricht einer Konditorei, suggeriert jedoch, dass die Verkaufsprodukte selbst hergestellt würden.

Bei den Ballspielen sind wie in Österreich die urspünglich englischen Ausdrücke nie eingedeutscht worden: *Goal, Goali(e), Penalty, Offside, Corner, Hands*.

## Wortbeispiele

Essen / Küche

| | |
|---|---|
| **Änis** | Anis |
| **Apéro, der** *od.* **das** | Umtrunk, Aperitif |
| **auswallen** | ausrollen *(Teig)* |
| **Beiz** | Kneipe |
| **Coupe, der** | Eisbecher |
| **Cüpli, das** | Glas Champagner |
| **Dezi, das,** *Mengenang.:* x dl | Deziliter, *Mengenangabe:* 0,x l |
| **Frappé, das** | Milchshake |
| **garniert** | mit Beilagen *(im Gastgewerbe)* |
| **Glacé, das,** *pl* **Glacen** | Speiseeis |
| **Kartoffelstock** | Kartoffelbrei |
| **Nachtessen** | Abendessen, Abendbrot |

| | |
|---|---|
| **Nidel, der, Nidle, die** | (Schlag)sahne |
| **Panaché, Panasch, das** | Radler |
| **Pfanne** | Pfanne, *aber auch* Topf *(Kochgefäss ohne Stiel)* |
| **Raffel** | Reibe, Raspel |
| **Röhrli** | Trinkhalm |
| **rüsten** | putzen *(Gemüse)* |
| **Rüstmesser** | Küchenmesser |
| **Serviertochter** | Serviererin, Kellnerin |
| **Stange** | Glas Bier *(0,3 l), frisch gezapft* |
| **Thon** | Thunfisch |
| **tischen** | den Tisch decken |
| **Trute** | Truthenne |
| **Wallholz** | Nudelholz |
| **Zapfen** | Korken |

## Wohnen

| | |
|---|---|
| **Abwart, Hauswart** | Hausmeister |
| **Aufrichte** | Richtfest |
| **Bettstatt** | Bettgestell |
| **Büchergestell** | *standardd. eher* Bücherregal |
| **Estrich, Winde** | Dachboden |
| **Gang** | Hausflur, Korridor |
| **Hag** | Zaun |
| **Hahnen** | Wasserhahn |
| **Heimet, das** | Bauerngut |
| **Lavabo, das; Brünneli** | Waschbecken |
| **läuten** | klingeln |
| **Plättli** | Fliesen, Kacheln *südd.* |
| **Polstergruppe** | Sitzecke, Polstergarnitur |
| **Quartier** | Stadtviertel |
| **Reduit, das** | Besenkammer |

| | |
|---|---|
| **ringhörig** | hellhörig |
| **Schüttstein** | Spülbecken |
| **Soussol** | Untergeschoss |
| **Spannteppich** | Teppichboden |
| **Store, die,** *meist pl.* **Storen** | Jalousie, Markise |
| **Täfer, das** | Täfelung |
| **Türfalle** | Türklinke |
| **Türgreis** | Türrahmen |
| **Umschwung** | zu einem Haus gehörendes Gelände |
| **zügeln** | umziehen |
| **Zügelwagen** | Umzugslaster |
| **Zügelmänner** | Möbelpacker |
| **züglete, die** | Umzug |

## Haushalt

| | |
|---|---|
| **Harasse, die;** *auch* **Harass, der** | Kiste *(für Getränke)* |
| **Hurde** | Horde |
| **Kehricht** | Abfall, Müll |
| **Kessel** | Eimer |
| **Kübel** | Eimer |
| Mistkübel | Mülleimer |
| **Leintuch** | Bettlaken |
| Fixleintuch | Spannbettlaken |
| **Meter, der** | Zollstock |
| **Puff** | Unordnung (ein Puff haben), *auch* Bordell, |
| **Schachtel** | *eher* Karton |
| **versorgen** | wegräumen, *salopp* jmdn. einliefern |
| **wischen** | kehren |

## Bekleidung / Mode

| | |
|---|---|
| **abziehen** | *Kleider* ausziehen, *auch* weggehen |
| **anlegen** | anziehen, aufsetzen *(Mütze)* |
| **auswinden** | auswringen |
| **Finken** | Pantoffeln |
| **Gilet** | Weste |
| **Hosensack** | Hosentasche |
| **Jupe** *(sprich Schüpp)* | Rock *(dafür kann für Schweizer ein Rock keine Herrenjacke sein ebenso wie Männer keine* Strümpfe *anstelle von* Socken *tragen können)* |
| **Kappe** | *allgemein alemannisch, sonst* Mütze |
| **Kleid** | Anzug |
| **Kutte** | Herrenjacke |
| **Leibchen** | Unterhemd |
| **Nastuch** | Taschentuch |
| **passepoilieren** | paspelieren |
| **Schnauz** | Schnurrbart, Oberlippenbart |
| **Überkleid, das** | Überkleidung, Blaumann |

## Familie

| | |
|---|---|
| **Bébé, das** | Baby, Kleinkind, Säugling |
| **Bub** | Junge |
| **Gotte; Götti** | Patin; Pate |
| **Grosi, das** | Oma |
| **Grosskind** | Enkel |
| **Konkubinat, im** | in Partnerschaft lebend |

## Amtliches

| | |
|---|---|
| **AHV** | Schweizer Rentenversicherung (Alters- und Hinterbliebenen-Versicherung) |
| **behändigen** | aushändigen *bzw.* mitnehmen |
| **behaften** | beim Wort nehmen, haftbar machen |
| **Betreibung** | Zwangsvollstreckung, Beitreibung |
| **Brouillon** | Grobkonzept |
| **Bürgerort** | *Die Staatsbürgerschaft ist in der Schweiz auf die Ortschaft der Vorfahren väterlicherseits bezogen, der Geburtsort ist bei amtlichen Angaben in der Schweiz irrelevant.* |
| **Busse** | Geldstrafe, Strafgeld, Busse *ist auch pl. von* Autobus, *mit kurzem* u |
| **jmdn. büssen** | jmdn. mit einer Geldstrafe belegen |
| **Dossier** | Akte |
| **Konfession** | Religion |
| **Pension,** *-en- nasal* | Rente |
| **sanitarisch** | gesundheitspolizeilich |
| **Vorstand** | Vorsteher |
| **Weibel** | Amtsdiener |
| **Zivilstand** | Familien-, Personenstand |

## Bildung / Schule

| | |
|---|---|
| **aufstrecken** | sich melden, *in der Schule* |
| **Hellraumprojektor** | Tageslichtprojektor, Polylux *ExDDR* |
| **Legi (Legitimationskarte)** | Studentenausweis |
| **Lehrtochter** | Auszubildende |
| **Maibummel** | Maiwanderung |
| **Matur, Matura** | Abitur |
| **Primarschule** | Grundschule |
| **Schnürlischrift** | Schreibschrift |
| **Schnupperlehre** | Berufswahlpraktikum |
| **Schulreise** | Klassenfahrt |
| **Schulsack, Thek** | Schulranzen |

## Berufe

Hier ist die Grenze zum süddeutschen und bayrischen Sprachgebrauch sehr fliessend.

| | |
|---|---|
| **Betriebswirtschafter** | Betriebswirt |
| **Fässler** | Küfer |
| **Hafner** | Töpfer |
| **Metzger** | Fleischer, Schlachter |
| **Schreiner** | Tischler |
| **Sigrist** | Küster, Mesner |
| **Spengler** | Klempner |

## Büro

| | |
|---|---|
| **Affenschwanz** | @ Klammeraffe |
| **anläuten,** *auch* **ein Telefon machen / geben** | anrufen, telefonieren |
| **Beilage** | Anlage *(zu einem Brief oder Schriftsatz)* |
| **Beschrieb** | Beschreibung |
| **Bundesordner** | Aktenordner |
| **Combox** | Anrufbeantworter auf dem Handy |
| **Dossier** | Unterlagen |
| **Fresszettel** | Merkblatt |
| **Gartenhag** | # Raute |
| **Leim** | Klebstoff |
| **Leerschlag** | Leerzeichen |
| **Natel, das** | Handy, Mobiltelefon *(Schweiz. Nationales Telefon)* |
| **Pendenz** *meist pl.* | unerledigte Aufgabe |
| **Reglement** | Geschäftsordnung |
| **Reissnagel** | Reißzwecke |
| **Sichtmäppchen** | Klarsichthülle |
| **speditiv** | rasch, zügig |
| **Strichpunkt** | Semikolon |
| **zu Händen** | zuhanden |

## Politik / Staat / Gesellschaft

| | |
|---|---|
| **ausschaffen** | abschieben *(Asylbewerber, Kriminelle)* |
| **auf etwas eintreten** | auf etwas eingehen |
| **Bundesrat** | Bundesregierung, Ministerrat, Exekutive; *auch* einzelner Minister |
| **Cervelatprominenz** | Pseudo-Prominenz |
| **Département** | Ministerium |
| **Einwohnerkontrolle** | Einwohnermeldeamt |
| **fehlbar** | schuldig |
| **Identitätskarte, ID** | Personalausweis |
| **Nationalrat** | Bundestag |
| **Ständerat** | Bundesrat |
| **Wegleitung** | Beschreibung, Leitfaden |

## Militärisches

Nur meist metaphorischer Gebrauch in der Umgangssprache berücksichtigt.

| | |
|---|---|
| **Abgeben, das** | Entlassung von der Dienstpflicht |
| **Achtungstellung** | Strammstehen |
| **Auslegeordnung** | Bestandsaufnahme, Materialkontrolle |
| **Besammlung** | Treffpunkt, das Eintreffen |
| **Croquis, das,** *auch* **Groggi** | Geländeskizze, *allg.* Entwurf |
| **dislozieren** | Raum- oder Ortswechsel |
| **Effekten** | bewegliche Habe |
| **Endalarm** | Entwarnung |
| **Gamelle** | Koch- und Essgeschirr |
| **Kantonement** | Truppenunterkunft |

## Helvetismen | Wortbeispiele

| | |
|---|---|
| **Kaput, der** | Soldatenmantel |
| **rekognoszieren** | auskundschaften |
| **Rekrutenschule (RS)** | militärische Grundausbildung |
| **revozieren** | annullieren |
| **Tagwacht, Tagwache** | Weckzeit, *allg.* Zeit zum Aufstehen |
| **Tenue** | vorgeschriebene Bekleidung |

Viele Befehle, Interjektionen und Redewendungen aus dem militärischen Bereich werden in der Schweizer Alltagssprache ironisch gebraucht, und zwar auf Hochdeutsch.

**Abmarsch!**
**Sammlung!**
**Suchen bis gefunden!**
**Übung abgebrochen!**
**Vorwärts machen!**
**Im Ziel!**      *Betonung auf der ersten Silbe*
                  Treffer!
**Erfüllt!**      *Betonung auf der ersten Silbe etw.*
                  erfolgreich ausgeführt haben
**allgemeine Richtung ...**   Floskel zur Richtungsangabe
**verschieben, sich**         Raum- oder Ortswechsel

## Feiern / Feste / Freizeit

| | |
|---|---|
| **Abdankung** | Einsegnung |
| **Anlass** | Veranstaltung |
| **Auffahrt** | Christi Himmelfahrt, Vatertag |
| **Ausgang** | Bummel, Sause, Schwof; in den Ausgang gehen |
| **Bärzelistag** | Berchtoldstag, 2. Januar |
| **Equipe** | Mannschaft |
| **Fasnacht** *allg. südd.* | Fastnacht, Fasching, Karneval |
| **Frauenfurz** | Knallfrosch |
| **Guggenmusik** | Musik bei Fastnachtszügen und deren Formation |
| **jassen; Jass, der; Jassen, das** | schweiz. Kartenspiel *(auch in Grenzregionen der Nachbarländer bekannt)* |
| **Metzgete** | Schlachtfest |
| **Nati** *sprich Nazi mit kurzem a* | Nationalmannschaft |
| **schlitteln** | rodeln, radeln |
| **Schmutzli** | Krampus, Knecht Ruprecht |
| **Seilziehen** | Tauziehen |

Markennamen als Gattungsbegriff:

| | |
|---|---|
| **Aromat, das** | Streuwürze (Maggi *hingegen ist ein allgemein bekanntes dt. Lehnwort*) |
| **Bostitch, der** | Hefter, Tacker |
| **Coggi, das** | Cola, die; *auch* Kokain |
| **Duromatic, der** | Dampfkochtopf |
| **Henniez, das** | Mineralwasser |
| **Ovo, die (Ovomaltine)** | Kakaohaltiges Malzgetränk, *wenn auch vom Sprecher i.d.R. oft ausdrücklich diese Marke gemeint ist* |
| **Scotch, das** | Tesafilm, Klebeband |

## Auto / Verkehr

| | |
|---|---|
| **Autoprüfung machen** | den Führerschein machen |
| **Car** | Reisebus |
| **Dole, Senkloch** | Gully |
| **Halbtax** | Bahncard |
| **Kehrplatz** | Wendeplatz |
| **Kondukteur** | Schaffner |
| **parkieren** | parken |
| **Passerelle** | Strassenüberführung |
| **Rank** | Kurve, *auch übertragen* Dreh, Kniff |
| **Signal, Lichter** | Ampel |
| **Strassenverkehrsamt** | TÜV |
| **Strolchenfahrt** | Fahrt mit gestohlenem Wagen |
| **Töff** | Motorrad |
| **Trottinett, Trotti** | Kinderroller |
| **Velo** | Fahrrad |
| **Vortritt** | Vorfahrt |

Häufig ist im Eisenbahnwesen der Gebrauch der französischen Lehnwörter: *Perron, Coupé, Billet*. Dies ist übrigens auch im Süddeutschen und Österreichischen so. Sprachgeschichtlich hat das deutsche Kaiserreich versucht, diese älteren und internationalen Ausdrücke einzudeutschen.

## Allgemeines

| | |
|---|---|
| **Abänderung** | Wechseljahre |
| **absitzen** | sich setzen |
| **abstellen** | absetzen, ausschalten, *auch* demotivieren |
| **Aktion** | Sonderangebot |
| **allfällig** | etwaig, allenfalls |
| **Ausverkauf** | Schlussverkauf |
| **Beige** | Stoß, Stapel |
| **beissen** | beißen, jucken |
|   **es beisst mich** | es juckt mich |
| **Bibeli** | Hautpickel; Kücken |
| **Bise** | Nord(ost)wind |
| **Blache** | Plane |
| **Brockenhaus, Brockenstube** | gemeinnütziger Laden mit gebrauchten Waren |
| **gefreut** | erfreulich |
| **gottenfroh** | heilfroh |
| **Greis, das** | Fassung, Ordnung |
|   **ins Greis bringen** | in Ordnung bringen |
| **Gülle** | Jauche |
| **handkehrum** | 1. plötzlich, unversehens, 2. andererseits |
|   **im Handkehrum** | im Handumdrehen |
| **hangen** | hängen |
| **hocken** | sitzen |
| **Januarloch** | Geldmangel nach den Feiertagen |
| **kehren** | wenden, umdrehen |
| **klemmen** | kneifen |
| **Knopf** | Knopf, *aber auch* Knoten |
| **komisch** | *nur Bedeutung* seltsam, *niemals* lustig |
| **laufen** | gehen, *niemals* rennen, eilen |
| **Luft, der** | Wind |

## Helvetismen | Wortbeispiele

| | |
|---|---|
| **Mercerie** | Kurzwaren(handlung) |
| **merken** | bemerken |
| **motten** | schwelen, glimmen |
| **Münz, das** | Kleingeld |
| **nützen** | *eher* nutzen |
| **Occasion, die** | Gebrauchtware, *selten* Gelegenheitskauf |
| **Pikett** | Bereitschaftsdienst |
| **pressieren** | sich beeilen, es eilig haben |
| **Quai, der** *franz. ausgespr.* | Uferstrasse |
| **reden** | *eher* sprechen |
| **Rüfe, die** | 1. Wundkruste, 2. Bergsturz |
| **rünnen** | rinnen, lecken |
| **schmecken** | riechen |
| **schmürzel(e)n** | kokeln, sengerig riechen; knausern |
| **Sack** | Tüte, *seltener:* Behältnis aus Jute, Anspielung auf Hoden |
| **Sackgeld** | Taschengeld |
| **schlecken** | lecken |
| **Schnuder** | Rotz |
| **snöben** | Snowboard fahren |
| **Spital, das** | Krankenhaus |
| **springen** | laufen, *auch* springen |
| **tönen** | *eher* klingen; färben |
| **es tönt gut** | es klingt gut |
| **antönen** | anklingen, eine Anspielung machen |
| **Umtriebe** | Aufwand an Zeit, Geld, Arbeit |
| **urchig** | urwüchsig |
| **Verleider** | Überdruss |
| **vorgängig** | vorherig |
| **Wegleitung** | Anleitung |
| **werweis(s)en** | hin und her raten, rätseln |
| **Wochenende, nächstes** | kommendes Wochenende |
| **zeuseln** | zündeln |
| **zudienen** | etwas reichen |
| **Zustupf** | Zuschuss, Zuverdienst |

# Grammatik

## Geschlecht (Genus)

Das Geschlecht weicht öfter vom Standarddeutschen ab, wobei eine deutliche Tendenz zum Sächlichen vorherrscht:

| | |
|---|---|
| **Apostroph, das** | Apostroph, der |
| **Butter, der** | Butter, die |
| **Cola, das** | Cola, die |
| **Fax,** *meist* **der** | Fax, das |
| **Lineal, der** | Lineal, das |
| **Mail, das** | Mail, die |
| **Praliné, das** | Praline, die |
| **Radio, der** | Radio, das |
|   **am Radio (Fernseh)** | im Radio (Fernsehen) |
| **Silvester, das** | Silvester, der |
|   **am Silvester** | an Silvester |
| **SMS, das** | SMS, die |
| **Teller, das** | Teller, der |
| **Tee, das** *(zubereitet)* | Tee, der |
| **Tram, das** | Tram(bahn), die |

## Plural

| | |
|---|---|
| **Häge** | Hage |
| **Koffern** | Koffer |
| **Pärke** | Parks |
| **Spargeln** | Spargel |

## Fälle

Genitiv: Der Genitivschwund ist ein Phänomen des gesamten deutschen Sprachgebiets, wie Bastian Sicks Bücher zeigen. Die Beispiele *das Haus vom Vater* oder *dem Vater sein Haus* für *(des) Vaters Haus* sind hinlänglich bekannt.
Nach Präpositionen wie *trotz, wegen, dank, statt* usw. steht im Schweizerhochdeutschen beharrlich ein Dativ, was in Schulen in der Regel kaum korrigiert wird.

Dativ: Hier fehlen im Schweizerhochdeutschen oft die Endungen: *Ich gebe dem Patient, Soldat, Spatz, Student, Tourist* usw., anstelle von standardd. *Patienten, Soldaten, Spatzen*...
Hingegen wird das Verb *bessern* im Schweizerhochdeutschen mit Dativ gebraucht: *Es hat mir gebessert* für *Mir geht es besser.*
Die Schreibweise *Zu Händen von Herr Müller* wird selbst im förmlichen Kontext bedenkenlos angewendet.
Akkusativ: Beim Akkusativschwund sind zusätzlich noch Artikel und Pronomina betroffen: *Ich sehe ein Patient, jemand*, anstatt *einen Patienten, jemanden*.
Endet das Substantiv jedoch auf *-e (Beamte, Kunde)*, erscheint die Endung immer vollständig.

## Vergangenheit

Im Schweizerhochdeutschen wird das Imperfekt möglichst vermieden, da es in den einzelnen Dialekten gar nicht existiert. *Er hat gelebt*, anstatt *er lebte*. Ganz gemieden werden starke Verben: *Sie ist gegangen*, anstatt *sie ging*.
Das Perfekt im Schweizerhochdeutschen bevorzugt wie im Bayrischen und Oberdeutschen bei Verben der Position das Hilfsverb *sein*.

| | |
|---|---|
| Sie ist gestanden. | Sie hat gestanden. |
| Er ist gelegen. | Er hat gelegen. |

## Gebrauch von *sein* und *haben*

Die Anwendung der Hilfsverben *sein* und *haben* weicht im Schweizerhochdeutschen in einigen Fällen vom Standarddeutschen ab. Der Schweizer schreibt: *Ich habe kalt* anstatt *mir ist kalt*. Ganz eigentümlich wird es bei den Adverbien *streng* oder *bös(e)*. *Es streng* bzw. *bös haben* ist für einen hochdeutschen Rezipienten schwer verständlich. Die Bedeutung ist soviel wie: *viel zu tun/Mühe haben, überlastet sein.*

## Orthografie

Das Esszet (ß, scharfes s) gilt wohl als etwas vom Unschweizerischsten, was sich ein Schweizer vorstellen kann. Dabei wird vergessen, dass die konservative Zeitung NZZ bis 1974 an ihm festhielt. Bis Mitte der 30er-Jahre des vergangenen Jahrhunderts war der Gebrauch des Esszets für die Schweizer Orthografie ausdrücklich vorgeschrieben. Den Garaus machte dem Esszet die Erfindung der Schreibmaschine und, mit Rücksicht auf die zweite Landessprache, die landesweite Entscheidung für eine französische Tastatur. Mit dieser lassen sich auf Kosten der Esszet-Letter die Vokale mit Akzenten mittels eigener Tasten wiedergeben. Dies ist auch mit ein Grund, dass man die französische Originalorthografie beibehält: *Première, Hautevolée.*

Apostroph: Der neuste Duden stellt die gebundene Form *(ich habs)* gleichwertig neben die apostrophierte *(ich hab's)*. In der Praxis des Schweizerhochdeutschen ist der erstere zum beinahe ausschliesslichen Gebrauch geworden. Auch Schweizer Zeitungen verzichten weitgehend auf den Apostroph.

## Morphologie

In der Wortbildung haben sich die älteren Singularformen wie *Tupf, Tropf* gegenüber *Tupfen, Tropfen* durchgesetzt. Dagegen sind die etwas schwerfälligeren, volleren, teils aus dem Amtsdeutsch stammenden Formen gebräuchlich: *Beschreibung* statt *Beschrieb*, *Abzweigung* statt *Abzweig*.
Sprichwörtlich ist das weitverbreitete Diminutivsuffix *-li*. Er ist im Schweizerhochdeutschen nicht einfach vertraute Reflexion der Mundart, sondern etliche Begriffe haben in der Verkleinerungsform eine andere emotionale, assoziative oder stilistische Bedeutung, wenn sie nicht sowieso etwas ganz anderes bezeichnen, wie bespielsweise *Gipfeli* (Hörnchen), *Güggeli* (Backhähnchen), *Velöli* (Dreirad), *Wägeli* (Einkaufswagen) oder *Rü(e)bli*, wobei im Dialekt die Ausdrücke *Karotte* oder *Möhre* nicht existent sind und als äusserst fremd empfunden werden. Man vergleiche dazu auch das Schweizer Lehnwort *Müsli*, das in der Schweiz selbst aber meist *Müesli*, mit dem für deutsche Sprecher schwierigen Diphthong *üe*, geschrieben wird. Für Nicht-Schweizer wirkt das Wort *Schlegli* für *Schlaganfall* fast schon makaber verharmlosend.
Ein Beispiel eines Begriffs mit eindeutiger Konnotation ist das Wort *Kästli*. Es ist nicht einfach ein kleiner Kasten, ein *Kästchen*, was eher die Vorstellung etwa von *Schatulle* erwecken würde, sondern hat die Bedeutung von *kleinem Schrank*. Der treffende Ausdruck mit allerdings niederdeutscher Herkunft wäre *Spind*, der aber in der Schweiz nicht gebräuchlich ist. Geradezu «folkloristische» Bedeutung hat das *Milchkästli*, ein Schränkchen unter dem Briefkasten, in welchem früher der Milchmann seine Produkte deponierte. Wenn aus idiomatischen Gründen nicht auf ein *-li* zurückgegriffen werden muss, wird dem süddeutschen Suffix *-lein* anstelle von *-chen* der Vorzug gegeben. Auch hier gibt es Begriffe mit spezifizierter Bedeutung: *Netzlein* (Einkaufsnetz), *Täschlein* (Handtasche) oder das in Deutschland immer für Heiterkeit sorgende *Dienstbüchlein* (DB), was dem *Truppenausweis* der Bundeswehr oder dem *Wehrdienstausweis* der NVA entspricht.

## Namen

Ein untrügliches Zeichen für die schweizerische Herkunft eines Textes sind natürlich die Personennamen. Noch heute überaus gängig und kaum Moden unterworfen sind die männlichen Vornamen *Urs*, *Reto* und *Ruedi* (mit Diphthong *–ue-*). Letzterer Name ist die Rufform von *Rudolf*, hat aber wegen seiner starken Verbreitung amtlichen Charakter. Etwas seltener ist der männliche Namen *Uli* geworden. Eine weibliche *Ulli* hingegen gibt es in der Schweiz nicht. Weibliche Vornamen sind *Regula* und vor allem Namen französischer Herkunft wie *Beatrice*, *Susanne*, *Yvonne*. Das Schluss-*e* wird in allen Fällen nicht gesprochen und die Betonung liegt meist auf der ersten Silbe. Die männlichen Entsprechungen sind *Pascal*, *René* (sprich R**ö**nee), *Roger* (sprich R**o**schee), die englische Aussprache von Herrn Federers Vornamen ist absolut atypisch.

Einen schweizerischen Ursprung verraten die von Orten und Topografie geprägten Familiennamen (schweizerisch: *Geschlechtsnamen*) mit folgenden Endungen: *-bühl(er)*, *-egger*, *-iker*, *-li*, *-matter*. Häufig sind auch Namen, die mit *von*, *zu*, *auf* oder *in* auf die Herkunft verweisen und nicht etwa Adelsprädikate sind. Meist verschmelzen die Präpositionen ganz mit dem Namen: *Von-*, *Z(')-*, *Aufder(m)-*, *Im-*.

Auch bei der Schreibung von Strassennamen gibt es Unterschiede. So liegt zum Beispiel die *Schaffhauser Straße* in Deutschland, die *Schaffhauserstrasse* jedoch in der Schweiz. In diesem Zusammenhang ärgert es die Einwohner von Basel wie von Zürich, wenn Deutsche die Adjektive ihrer Städte als *Baseler* oder *Züricher* anstatt *Basler* oder *Zürcher* wiedergeben. Jedoch sorgen sich beispielsweise die Münchener bzw. Münchner genauso um die Richtigkeit ihrer jeweiligen Namen.

## Besonderheiten der Korrespondenz

Nach der brieflichen Anrede wird in der Schweiz kein Komma gesetzt. Der Fliesstext beginnt dann in jedem Falle mit Grossbuchstaben. Die Empfehlungen der Deutschen Post, das Länderkennzeichen wegzulassen und Städtenamen in Majuskeln zu schreiben, ist natürlich für die Schweiz nicht relevant.
Bei Beträgen werden in der Schweiz die Dezimalstellen mit Punkt und nicht mit Komma abgetrennt, also *365.50 Fr.* gegenüber *365,50 €*. Für Schweizer schwer lesbar wird dann etwa 3.456.789 €. Die DIN empfiehlt nämlich für eine deutlichere Gliederung Punkte.

## Stil / Wendungen

Einige Wendungen mögen den deutschen Rezipienten etwas altertümlich vorkommen oder eben «helvetisierend»: *Sie möchten ihn etwas altertümlich dünken. Es dünkt mich, dass ..., es gelüstet mich, etwas zu tun* oder *mich nimmt wunder, ob...* sind solche Floskeln, die sehr verbreitet und unmittelbare Übersetzungen aus der Mundart sind.
Zudem ist im Schweizerhochdeutschen der relative Anschluss *welcher / welche / welches* verbreiteter als im Standarddeutschen, wo es eher als schwerfällig und veraltet gilt.

Der aufgezeigte Querschnitt von Unterschieden des Schweizerhochdeutschen und des Standardhochdeutschen soll keinesfalls eine Wertung implizieren. Der Begriff *Hochdeutsch* war vorerst eine rein geografische Abgrenzung zum Niederdeutschen. Sie fasste die Sprachgebiete des Mitteldeutschen und des Oberdeutschen zusammen, da beide sprachgeschichtlich die sogenannte zweite Lautverschiebung vollzogen hatten. Beispielsweise noch heute leicht zu erkennen an typischen Unterschieden wie *Apfel – Appel* oder *ich – ik*. *Hochdeutsch* bezeichnete ursprünglich also nichts Gehobenes oder Elitäres. Im Laufe des 19. Jahrhunderts hat sich dies allerdings geändert, als man versuchte, Hochsprache an einem «klassischen» Ideal zu orientieren. Dies führte zum Hochdeutschen als Einheitssprache einer gehobenen gesellschaftlichen Schicht.

Bis zu Beginn des 20. Jahrhunderts zeichnete sich das agrare Binnenland Schweiz ohne jegliche Rohstoffe eher durch Reisläuferei und Auswanderung aus. Diese geografische und kulturelle Isolierung war günstig für den Erhalt der schweizerdeutschen Mundarten, die auf einem mittelhochdeutschen Lautstand basieren. Mit der Industrialisierung der Schweiz wurde in städtischen Kreisen aber auch hier der Ruf nach einer Einheitssprache, nämlich dem Hochdeutschen, unüberhörbar. Bis zum Ersten Weltkrieg war die Affinität zum deutschen Geistesleben in der Schweiz generell sehr hoch. Das orthografische Regelwerk des Schleizer Gymnasiallehrers Konrad Duden wurde 1892 zuerst in der Schweiz verbindlich. Für die anderen deutschsprachigen Staaten wurde es erst zehn Jahre später amtlich. Die beiden Weltkriege führten dann zu einer sprachlichen Sonderentwicklung der Schweiz, in der jetzt auch die Dialektpflege als eine Art geistige Landesverteidigung gesehen wurde. Seither hat die Mundart kein soziales Stigma, sondern gilt im Gegenteil als besonders integrativ.

Da eine Standardisierung des Schweizerdeutschen weder möglich noch erwünscht ist, herrscht eine grosse Lebendigkeit im Sprachgebrauch, während hingegen Standardsprachen zur Erstarrung neigen. Fach- und Sondersprachen wie Slang und «Kanak Sprak» werden mühelos integriert. Die heutige, mit dem Ruhrgebiet vergleichbare, dichte Besiedlung des schweizerischen Mittellandes und der grosse Anteil der Immigranten führt sicherlich zum Aussterben vieler alter Ausdrücke, bringt aber auch neue Impulse mit ein. Erstaunlich ist dabei der unbekümmerte Umgang mit Lehnwörtern, Anglizismen und Neologismen. Ausdrücke wie *Pullover* oder *Shop* bilden den Plural gemäss den im sonstigen Hochdeutsch ungebräuchlichen starken Nomen: *Pullöver, Shöp*. Neubildungen der Technik klingen wie alte Dialektwörter, zum Beispiel das saloppe *döggele* für die Bedienung einer PC-Tastatur.

Der Wunsch zur selbstbewussten Eigenständigkeit der Schweizer Mundarten ist aber im Grossen und Ganzen eine ideologisch verbrämte Illusion. Der Begriff «Helvetismus» selbst ist eigentlich gar nicht korrekt, denn die keltisch sprechenden Helvetier siedelten zwar im Gebiet der Schweiz, wurden dann allerdings von den Römern fast gänzlich aufgerieben und das neu gewonnene Land von eigenen Siedlern und den dazukommenden Germanen kolonialisiert. Auf diese Germanen, die Alemannen, gehen die heutigen Schweizer Dialekte zurück. Die alemannischen Stämme hatten bereits lange Migrationen hinter sich, stammen sie doch aus dem Gebiet der heutigen Elbe. Die Schweizer Mundarten bilden mit dem Schwäbischen, Württembergischen, Badischen und Elsässischen eine Dialektgruppe. Tatsächlich scheint heute noch eine gemeinsame Mentalität die Menschen über die Staatsgrenzen hinaus zu verbinden; zumal die Schweizer mit der sprichwörtlichen «schwäbischen Kehrwoche» punkto Sauberkeit ihre Meister gefunden haben. Auch sind Temperamentsausbrüche und Überschwang nicht ihre Wesensmerkmale, wie folgender Dialog aus viel benutzten Redewendungen zeigt:

| | |
|---|---|
| **Serviertochter:** | **Sit Der bedient?** |
| | Haben Sie bereits bestellt? |
| **Serviertochter:** | **Weit Der no es Supplement?** |
| **Gast:** | **Nid umbedingt.** |

«Wollen Sie einen Nachschlag?» – «Nicht unbedingt.» Was so viel bedeutet wie: «Ja, sehr gerne, aber ich bin zu bescheiden, um es direkt zu sagen und vielleicht würde es ja zu grosse Mühe machen und dadurch das Trinkgeld zu sehr in die Höhe treiben, aber vielleicht können Sie ja später nochmals nachfragen, dann wäre es unhöflich von mir abzulehnen.»

| | |
|---|---|
| **Serviertochter:** | **Isch's guet gsy?** |
| **Gast:** | **Me cha's ässe.** |

«Ist es gut gewesen?», «Hat es geschmeckt?» – «Man kann es essen». Was bedeutet: «Ich habe nichts daran auszusetzen und es schmeckt mir. Wenn ich wüsste, dass es mir auch bekommt, wäre ich des Lobes voll.»

# Redewendungen

**Däm het's abglösche**
Dem hat es das Licht ausgelöscht – Er hat die Schnauze voll

**Däm het's i d Bärge gschneit**
Dem hat es in die Berge geschneit – Der ist grauhaarig geworden

**Das isch bireweich**
Das ist birnenweich – Das ist ganz einfach dumm

**Da git's ke Bire**
Da gibt es keine Birne – Da musst du durch

**Chasch mer blööterle**
Kannst mir Blasen bilden – Du kannst mir mal

**Dä het ke Brot**
Der hat kein Brot – Der schafft das nicht

**Mach doch kes Büro uuf**
Eröffne doch kein Büro – Mach doch keine grosse Sache daraus

**Verzell ke Chabis**
Erzähle keinen Kohl – Erzähle keinen Schwachsinn

**Chasch mer i d Chappe schysse**
Du kannst mir in die Mütze scheissen – Du kannst mich mal

**Es tuet Chatze hagle**
Es hagelt Katzen – Es giesst wie aus Eimern

**De het's halt d Chatz gfrässe**
Dann hat es eben die Katze gefressen – Dann hat es sich in Luft aufgelöst

## Redewendungen

**Ds Chemi ruesse**
Den Kamin russen – In der Nase bohren

**E choge Chute chelter**
Eine verseuchte Jacke kälter – Es ist ein gutes Stück kälter geworden

**Das gseht uus, wi wen es e Chue ir Schnure gha hätti**
Das sieht aus, wie wenn es eine Kuh im Maul gehabt hätte –
Das sieht total zerknittert, beschissen aus

**Da isch es dunkel wi inere Chue**
Da ist es dunkel wie in einer Kuh – Das ist zappenduster

**E churze Chut**
Ein kurzer Moment

**Däm het's der Ermel ynegno**
Dem hat es den Ärmel hineingenommen – Er ist ganz begeistert

**Zie Fäde**
Ziehe Fäden – Verzieh dich!

**Heitere Fahne!**
Heitere Flagge – Ausdruck des Erstaunens

**Sälber ässe macht feiss!**
Selber essen macht dick – Jeder ist sich selber der Nächste

**D Finke chlopfe**
Die Pantoffeln hauen – Sich auf und davon machen

**Du ghörsch d Flöh hueschte**
Du hörst die Flöhe husten – Du hörst aber enorm gut

**Das isch für d Füchs**
Das ist für die Füchse – Das ist für die Katz

**Das schläckt ke Geiss wägg**
Das schleckt keine Ziege weg – Das lässt sich nicht verleugnen

**Het dy ds Güegi gstoche?**
Hat dich der Käfer gestochen? – Hast du Lust darauf?

**Dä het sech guet gmetzget**
Der hat sich gut geschlachtet – Der hat sich gut behauptet

**Das isch zum Haaröl seiche**
Das ist zum Haaröl urinieren – Es ist nicht zu fassen!

**Das isch alles Hans was Heiri**
Das ist alles Hans wie Heinrich – Das kommt alles auf dasselbe heraus

**Verzapf ke Hafechäs**
Erzähle keinen Hafenkäse – Erzähle keinen Unsinn

**Das geit ja zue wie imene hölzige Himel!**
Das geht ja zu wie in einem hölzernen Himmel –
Dort geht's vielleicht zu!

**Es het solang's het**
Es hat solange es hat – Es hat, solange der Vorrat reicht

**Het's der hinderegstrählt?**
Hat es Dir die Haare nach hinten gekämmt? –
Du bist wohl überrascht?

**Jitz isch gnue Höi dunde**
Jetzt ist genug Heu unten – Das reicht jetzt aber

**Da git's nüüt z hueschte**
Da gibt es nichts zu husten – Da kann man sich nicht davor drücken

## Redewendungen

**Du bisch e schlächte Kanton**
Du bist ein schlechter Kanton – Ich bin von dir ein wenig enttäuscht

**Mach kener Lämpe**
Mach kein Aufhebens

**Halt de Latz!**
Halt den Latz – Halt den Mund!

**Das isch e heisse Louf**
Das ist ein heisser Lauf – Das ist ein heisses Eisen

**Wi ne Moore**
Wie ein Mutterschwein – Wie verrückt

**Das isch Nasewasser**
Das ist Nasenwasser – Das ist nichts von Bedeutung

**Dere het's der Nuggi usetätscht**
Der hat es den Schnuller herausgeknallt – Sie ging in die Luft

**Tscheggsch der Pögg?**
Siehst du den Puck? – Ist alles klar, hast du verstanden?

**Bisch e Pumpi**
Du bist eine Pumpe – Du bist eine Niete

**Däm het's der Rieme usetätscht**
Dem hat es den Riemen herausgejagt – Der hat die Schnauze voll

**Die isch düre bi rot**
Die ist bei rot über die Strasse – Die ist völlig durchgeknallt

**I kenne der Töff**
Ich kenne das Motorrad – Ich weiss wie die Sache läuft

**Hesch mer e Schnägg?**
Hast du mir eine Schnecke? – Hast du mir ein Fünffrankenstück?

**Es schnägglet mi aa**
Es schneckelt mich an – Es ist mir zuwider

**Da machsch ja d Schrube**
Da machst du ja die Schraube – Das hältst du nicht aus, das ist zu viel

**Das isch e Seich**
Das ist Urin – Das ist Blödsinn

**Das isch de e Sibesiech**
Das ist ein siebenfach Kranker – Das ist ein ganzer Kerl

**Du machsch aber e suure Stei**
Du machst aber einen sauren Stein – Du machst ein saures Gesicht

**Läck mer am Tschööpli**
Leck mir an der Jacke – Du kannst mich mal

**Da chunsch ja Vögel über**
Da kriegst du ja Vögel – Da kriegst du die Motten

**Was isch für Zibele?**
Was ist für eine Zwiebel – Wieviel Uhr ist es?

**Das isch en arme Znacht**
Das ist ein armes Abendbrot – Das ist ein armer Kerl

## Geflügelte Worte

**Gring ache u seckle!**
Kopf runter und laufen!   Motto der Mittel- und
 Langstreckenläuferin
 Anita Weyermann

**Söll emal cho!**
Soll mal kommen   Ausspruch aus einer Schweizer
 Sendung mit versteckter Kamera

**Jä mir isch glych!**
Mir ist es egal   Clown Gaston im Zirkus Knie

# Schweizerdeutsch – Deutsch
A–Z

## Schweizerdeutsch – Deutsch A–Z

### A

| | |
|---|---|
| **aabändle** | Versuch, eine Beziehung anzuknüpfen |
| **Aabe** | Abend |
| **Aabetüür** | Abenteuer |
| **aabränte** | anbrennen |
| **aabruuche** | zu benützen beginnen |
| **aachätsche** | annagen |
| **aacho** | ankommen |
| **aafa** | anfangen |
| **aafüüre** | anzünden |
| **aagä** | angeben, in Schwung bringen |
| **aagüfele** | anstecken, anheften |
| **Aahou** | Brotanschnitt |
| **Aalegi** | Kleider, Anzug, Art sich zu kleiden |
| **Ääli** | Liebkosung |
| **aalüte** | anrufen |
| **aba** | ach was! |
| **Abee** | Abort |
| **abetroole** | hinunterfallen |
| **abla** | loslassen |
| **abläschele** | abbetteln, abschmeicheln |
| **ablose** | ruhig anhören |
| **abluege** | abgucken, nachahmen |
| **abputze** | reinigen, abwischen |
| **abruume** | abräumen *(abwischen)* |
| **absärble** | dahinsiechen |
| **abschla** | verprügeln |
| **abschüfele** | abschütteln, etwas von sich entfernen |
| **abtube** | davonrennen, sich davonmachen |
| **abverheie** | schiefgehen, misslingen |
| **abzottle** | weggehen |
| **Äcke** | Nacken |

| Schweizerdeutsch | Deutsch |
|---|---|
| **Adrio** | Kloss aus Bratwurstmasse |
| **afe, efang** | vorerst, vorläufig, schon |
| **allpott** | bei jeder Gelegenheit |
| **albe** | jeweils, gewöhnlich |
| **allwäg, äuä** | jedenfalls, vermutlich, vielleicht |
| **Älplermagrone** | Teigwaren mit Kartoffeln, Käse und Schinken |
| **äne** | drüben, jenseits |
| **änechnöie, änechnöile** | hinknien |
| **angänds** | bald, gleich |
| **Anke** | Butter |
| **anneha** | tragen *(Kleidungsstück)* |
| **Äppeeri** | Erdbeeren |
| **ärdeguet** | sehr gut |
| **arfle, ärfele** | umarmen |
| **Ätti** | Vater, Grossvater |

## B

| | |
|---|---|
| **Bääbi** | Puppe |
| **baaje** | baden |
| **baas** | besser, wohler |
| **bachab** | zunichte, verloren |
| **Badi** | Badeanstalt |
| **bäfzge** | kläffen |
| **Bäfzger** | Kläffer |
| **Baggel** | 1. Stock, dicker Stecken, 2. schlechtes Schneidewerkzeug, 3. verfilzte Haarlocke |
| **balge** | schelten |
| **Balgis** | Schelte |
| **Bänne** | zweirädriger Karren, *(verächtlich)* Auto |
| **Bäredräck** | Lakritze |
| **Bäremutz** | Berner Lebkuchen |
| **bärze** | sich mühsam, stöhnend bewegen |
| **bäschele** | sorgfältig ordnen, zurechtlegen |

| Schweizerdeutsch | Deutsch |
| --- | --- |
| batte | genügen, reichen, nützen |
| Bborz | mühsame Arbeit, Kraftanstrengung |
| bchyme, sech | sich erholen |
| Bchleidig | Anzug für Männer |
| bcho | zurechtkommen, erreichen |
| begäre | wünschen |
| Beiji, Beieli | Biene |
| beinele | hurtig gehen, trippeln |
| Beiz | Wirtshaus |
| Beizer | Gastwirt |
| Beizi | Marinade |
| Bettmümpfeli | Betthupferl *(Süssigkeiten vor dem Zubettgehen)* |
| bha | feshalten, zurückhalten |
| Bhaltis | Geschenk |
| bhange blybe | hängen bleiben |
| Bhoupti | Rechthaber |
| Bhusig | Wohnung, Heim, Zuhause |
| Bhüetis! | Gott bewahre, nur ruhig! |
| Biberli | Lebkuchengebäck |
| Biecht | Frühreif |
| bygewis | stapelweise |
| bypääpele | 1. zimperlich tun, 2. hätscheln |
| birebitzeli, es | ein kleines bisschen |
| Birewegge | brotförmiges, süsses Gebäck mit Birnenfüllung |
| Byse, Bysluft | Nordostwind |
| bysle | urinieren |
| Bitz | Stück |
| bizyte | rechtzeitig |
| Blaatere | Blase |
| blagiere | prahlen |
| Blagööri | Prahlhans |
| blange | sehnlich warten, sich sehnen |
| blätze | flicken |
| Blätzli | Schnitzel *(Fleisch)* |
| Blauchabis | Rotkraut |

| Schweizerdeutsch | Deutsch |
|---|---|
| **Bläuele** | blauer Flecken am Körper |
| **bloche** | 1. den Boden bohnern, glänzen, 2. schnell fahren |
| **Blocher** | Bohnerbürste |
| **Blofi** | Bleistift |
| **Bluescht** | Obstbaumblüte |
| **blüttle** | halb- oder ganz nackt sein |
| **bocke** | trotzen, störrisch sein |
| **Bodehochzyt** | Beerdigung |
| **borze** | mühsam wälzen, sich abmühen |
| **boosge** | etwas Schlimmes anstellen |
| **bouele** | brummend schimpfen |
| **böumig** | imposant, grossartig, fein |
| **Boumnüss** | Walnüsse |
| **brägle** | braten, brutzeln |
| **Bräschte** | Gebrechen, Fehler, Krankheit |
| **Brätchügeli** | Klösschen aus Bratwurstmasse |
| **Brätsch** | Schlag, Schläge |
| **brätzele** | Bretzeln machen |
| **breiche, preiche** | ein Ziel treffen |
| **Breichi, Preichi** | Treffgeschick |
| **Brichti, Prichti** | gesprächiger Mensch, Schwätzer |
| **briegge** | weinen |
| **briesche** | heftig regnen |
| **Brosme** | Brosamen, Krümchen |
| **brösmele** | zerkrümeln |
| **brüeje** | brühen |
| **brüele** | schreien |
| **Bbrüel** | Geschrei, Gebrüll |
| **Brüetsch** | Bruder |
| **Brüeteig** | Brandteig |
| **brümele** | vor sich hin brummeln, murmeln |
| **Brunsli** | Weihnachtsgebäck |
| **Brüsseler** | Endivien |
| **Bschyss** | Betrug |
| **bschütte** | begiessen, jauchen |
| **Bsetzi** | Kopfsteinpflaster |

| Schweizerdeutsch | Deutsch |
|---|---|
| bsinne | nachdenken |
| bubele | mit dem Feuer spielen, zündeln |
| **Budigg** | kleine Werkstatt |
| **Büez** | Arbeit |
| **Büezer** | Arbeiter |
| büeze | grob flicken |
| bugere | schimpfen |
| **Buggel, Puggel** | Buckel |
| buggle | auf dem Rücken tragen |
| bügle | arbeiten |
| **Büppi** | weibliche Brustwarze |
| **Burscht, Purscht** | Jüngling |
| **Bürzi** | Haarknoten, Dutt |
| buschper | wohlauf, gesund und fröhlich |
| buttele | in den Armen wiegen |
| büüchlige | bäuchlings |
| **Buur, Puur** | Bauer |
| bure, pure | Landwirtschaft betreiben |
| **Büüssi, Büüsseli** | Katze, Kätzchen |
| bvogte | bevormunden |

## C

| | |
|---|---|
| **Cervelat** | Fleischwurst |
| chääre | quengeln, um etwas bitten |
| **Chabis** | Weisskohl, Kohlkopf, (bildl.) 1. Kopf, 2. Stumpfsinn, Unwahrheit |
| **Chachle** | flache Schüssel |
| chäch | gesund, rüstig |
| **Chänel** | Dachrinne |
| **Chappe** | Kappe, Mütze |
| **Chäpsli** | Knallerbsen |
| **Chärne** | Kern |
| chätsche | kauen, schmatzen |
| **Chätschi** | Kaugummi |
| cheibe | 1. schimpfen 2. davonrennen |
| **Chefi** | Gefängnis |

| Schweizerdeutsch | Deutsch |
|---|---|
| Chefig | Vogelkäfig |
| Chegele | Rosskastanien |
| Chelti | Kälte |
| Chemi | Schornstein, Kamin |
| Chemp | Stein |
| chessle | Lärm machen, rasseln *(Metallgeräusch)* |
| chybe | zornig sein, grollen |
| chyche | keuchen |
| Chifel | Zuckererbse, Kefe |
| chifle | zanken, sich streiten |
| Chiflete | Keiferei, Gezänk |
| Chilbi | Jahrmarkt |
| Chilche | Kirche |
| Chilter | Bursche, der fensterlt |
| chindelig | kindisch |
| Chini | Kinn |
| chirble | röcheln, rasselnd atmen |
| Chirsi, Chirschi | Kirschen |
| chyschterig | heiser |
| chlädere | klettern |
| chläpfe | ohrfeigen |
| Chlapf | Knall, Ohrfeige, Auto |
| chlefele | klappern, klirren |
| chlepfe | knallen |
| chly | klein |
| chlööne | klagen, jammern, quengeln |
| Chlüder | Geld, Moneten |
| Chlupf | Erschrecken, plötzlicher Schreck |
| chniepe | immer jammern und klagen |
| Chnode | Gelenkknoten |
| Chnöi | Knie |
| chnöilige | kniend |
| Chnöpfli | Mehlspeise, ähnlich wie Spätzle |
| chnorze | sich abmühen, abrackern |
| chnütsche | quetschen, pressen |
| chnuuschte | kneten, drücken |

| Schweizerdeutsch | Deutsch |
| --- | --- |
| chöcherle | leise kochen |
| Choder | Spucke, Halsschleim |
| Chöhli | Grünkohl |
| choldere | trotzen |
| Choli | schwarzes Pferd, Rappe |
| Chöözete | Sudelei |
| Chöpfler | Kopfsprung |
| chöpflige | Kopf voran |
| chosle | mit Wasser oder nasser Erde spielen |
| chotze | erbrechen |
| chötzerig | schlecht zum Erbrechen |
| chöie | kauen |
| Chräbeli | Anisgebäck zu Weihnachten |
| chräbele | kraulen, liebkosen |
| chräble | kratzen |
| Chrache | tiefe Schlucht, enges Bergtal, *übertr.* abgelegenes Dorf |
| chrame | kaufen |
| chrampfe | schuften |
| Chrampf | Mordsanstrengung |
| chräschle | rascheln, rauschen |
| chräsme | kriechen, klettern |
| chrible | unleserlich schreiben, kritzeln |
| Chrine | Kerbe, Rinne |
| Chris | Tannenreisig, Tannästchen |
| chrisaschte | krachen, zusammenbrechen |
| chroose | knirschen, krachen |
| chropfe | lachen |
| Chrosle | Stachelbeeren |
| chrouschpelig | knusprig |
| Chrousimousi | Durcheinander, Krimskrams |
| chrugle | zusammenknüllen |
| Chrüpfe | Krippe, Futterbarren |
| chrüpple | schwer arbeiten |
| Chrusle | Locken, gekräuseltes Haar |
| Chrutstile | Mangold |

# 51 Schweizerdeutsch — Deutsch

| Schweizerdeutsch | Deutsch |
|---|---|
| **Chrüüsch** | Kleie |
| **Chuchichäschtli** | Küchenschrank |
| **chüble** | trommeln, Lärm machen |
| **Chuder** | 1. Werghaufen, gehechelter Flachs minderer Qualität, 2. struppiges, unordentliches Haar |
| **chüderle** | schmeicheln, schön tun |
| **Chuenagel** | Schmerzen von Frostbeulen oder kalten Gliedmassen beim Warmwerden |
| **Chueplütter** | Kuhfladen |
| **chüechle** | Kuchen backen |
| **chuele** | kühl werden |
| **Chugeler** | Kugelschreiber |
| **Chüng, Chünig** | König |
| **Chüngel, Chünel** | Kaninchen |
| **chünte** | kündigen |
| **chüschele** | flüstern, raunen |

| Schweizerdeutsch | Deutsch |
|---|---|
| **Chuscht** | Geschmack |
| **chüschtig** | gut gewürzt, wohlschmeckend, lecker |
| **Chut** | Windstoss |
| **chute** | stark wehen, brausen, pfeifen *(Wind)* |
| **Chüttene** | Quitten |
| **chutzelig** | empfindlich gegen Kitzeln |
| **chuum** | kaum |
| **Chutzemischt** | dummes Geschwätz |
| **chuzig** | schlecht gelaunt, zornig, brummig |
| **Cornet** | Eistüte |
| **Cornichon** | kleine Salzgurke |
| **Cüpli** | Glas Sekt |

## D

| Schweizerdeutsch | Deutsch |
|---|---|
| **Dächlichappe** | Schirmmütze |
| **daggele** | gemächlich marschieren |
| **Dähle** | Föhre, Kiefer |
| **dampe, tampe** | schwatzen, plaudern |
| **darha** | herhalten |
| **däsele** | 1. leise trippeln, 2. schmeicheln |
| **däwäg** | so, auf diese Art |
| **derby** | dabei |
| **derdüre** | hindurch, dadurch |
| **dergäge** | dagegen |
| **derglyche tue** | so tun als ob, heucheln |
| **derhär cho** | daherkommen |
| **derig** | solche |
| **dernaa** | danach, entsprechend |
| **dernäbe** | 1. daneben, ausserdem 2. andererseits, abgesehen davon |
| **derwyl, derzyt ha** | zu etwas Zeit haben |
| **derwyle** | währenddessen |
| **dessetwäge** | deswegen |
| **desume** | umher, herum |

| Schweizerdeutsch | Deutsch |
| --- | --- |
| dyche | schleichen, heuchlerisch leisetreten |
| Dinggelääri, Ginggelääri | 1. wertloses Ding, 2. Kleinigkeit, jd. oder etwas, dessen Name gerade entfallen ist |
| Dorfete | gemütliche Unterhaltung, Schwatz |
| dorfe | plaudern, sich gemütlich unterhalten |
| drääje | drehen |
| Drääjörgeli | Schlittschuhkufen, die an Schuhen befestigt wurden |
| Dräck | Schmutz, Erde, Strassenkot |
| dräckele | mit Erde spielen |
| dräckig | schmutzig |
| dreierle | dem Wein häufig zusprechen |
| Drögeler | Drogenabhängiger |
| dryfunke | unterbrechen |
| drygseh | aussehen |
| drypänggle | hineinwerfen |
| drypfudere | unüberlegt anpacken |
| drööje | drohen |
| drötschgele | langsam, gemütlich fahren |
| drüberabe, drüberache | daraufhin, danach |
| drübercho | begreifen, dahinterkommen |
| drufabe, drufache | daraufhin |
| drufufe | darauf hinauf |
| drunder | darunter |
| drus-cho | begreifen |
| drususe | daraus heraus |
| dubetänzig | ausser sich vor Nervosität, verrückt |
| dürefiegge | durchreiben |
| düregheie, düretroole | durchfallen |
| dürhar | durchwegs |
| duuch | kleinlaut, niedergeschlagen |
| Duureli | wehleidiges Gesicht machen |
| düüssele | schleichen, auf Zehenspitzen gehen |

| Schweizerdeutsch | Deutsch |
| --- | --- |

## E

| | |
| --- | --- |
| ebcho | begegnen |
| echly, echlei | ein wenig |
| efang | vorerst, vorläufig |
| Egli | Barsch |
| Eierschwumm | Pfifferling |
| eiget | eigen |
| einewäg | trotzdem, gleichwohl |
| einisch | einmal |
| ekei, ekes | kein, keines |
| Elastigg | Gummiband |
| ellbögle | sich vordrängen mit den Ellbogen |
| emel, ömel | doch, wenigstens, jedenfalls |
| ender | eher |
| erchlüpfe | erschrecken |
| erchuele | abkühlen |
| erfrüüre | erfrieren |
| ergattere | gierig erwerben, mit viel Vorbedacht erlangen |
| ergelschtere | in Aufregung versetzen |
| erglüüssle | erspähen |
| erhirne | ausbrüten, sich ausdenken |
| erhudle | derb schütteln, (bildl.) erschüttern, sehr ergriffen sein |
| erläschele | etwas erschmeicheln |
| erlicke | erblicken, begreifen |
| erlyde | ertragen, aushalten |
| erluusse, erlüüssle | erspähen, erlauschen |
| erniesse | niesen |
| erstryte | erstreiten |
| ertöibe | erzürnen, zornig machen |
| erwärche | erarbeiten |
| erwelle | zum Sieden bringen |
| erworgge, erwörgge | ersticken, erwürgen |
| erwütsche | erwischen |
| erzelle | erzählen |
| etga | entfallen |

| Schweizerdeutsch | Deutsch |
| --- | --- |
| etgäge | entgegen |
| etgägeha | einwenden |
| etmangle | entbehren |
| etschlipfe | ausgleiten |
| etwütsche | entwischen |
| ewägg, wägg | weg |

## F

| | |
| --- | --- |
| fa | fangen |
| Fäcke | Flügel |
| fäckle | flattern |
| fäge, das fägt | fegen, geht lustig zu |
| Fäger | munterer, sympathischer Bursche |
| Fägnäscht | Zappelphilipp |
| fägnäschte | im Bett herumwälzen, dauernd in Bewegung sein |
| Fahri, Fahre | Mensch ohne Sitzleder |
| fäliere | an etwas herumhantieren |
| fänschterle | einem Mädchen nachts einen Besuch am Fenster machen |
| Färlimoore | Muttersau |
| färle | Ferkel werfen |
| färn | letztes Jahr |
| Fatzikus | Spassmacher, Possentreiber |
| Fazenettli | kleines, elegantes Taschentuch |
| fecke | prüfen, auf die Probe stellen |
| feiss, feisse | fett, dick werden |
| fergge | mühsam herumtragen, schleppen |
| Fete | Fest |
| Fydel | Hund |
| Fyduz | Vertrauen |
| fiegge | herumrutschen, ständig in Bewegung sein |
| figureetle | an etwas herumhantieren, -formen |
| Fynettli, Fynöggeli | feines, zartes Mädchen |
| fingerle | befingern, betasten |

| Schweizerdeutsch | Deutsch |
| --- | --- |
| Finke | 1. Hausschuhe, Pantoffeln, 2. *übertr.* Autoreifen |
| Fyraabe | Feierabend |
| Fisel | Knabe |
| Fitze | Rute |
| Flädli | Suppeneinlage, Streifen aus Eierteig |
| flämmle | züngeln, in kleinen Flammen leuchten |
| flattiere | schmeicheln, liebkosen |
| Fleischvogel | Fleischroulade |
| flohne | 1. Flöhe fangen, 2. nichts tun, müssig sein |
| Flohner | Nichtstuer, Faulpelz |
| Flue | 1. Fluh, jäh abstürzende Felswand, 2. grosse, breite, imposante Frau |
| Fluumer | Staubwedel mit langem Stil |
| Föhn | Südwind |
| folge | gehorchen |
| föpple | foppen, necken |
| Förchti | Angsthase |
| fötele | fotografieren |
| främsle | essen, vor allem zwischen den Mahlzeiten |
| fräveli | herzhaft |
| freese | schnell fahren |
| fryli, frylech | freilich |
| Fryse | Frisur |
| früüre | frieren |
| fuchsig, fuxig | ärgerlich |
| Füdle | Gesäss, Hintern |
| füdele | den Hintern schwenken |
| füdliblutt | splitternackt |
| Füdlibürger | Spiesser |
| füechtele | nach Feuchtigkeit riechen |
| Fueder | Wagenladung |
| Füflyber | Fünffrankenstück |

| Schweizerdeutsch | Deutsch |
| --- | --- |
| **fuerig** | sättigend, schwer verdaulich |
| **füesslige** | mit den Füssen voran |
| **Füfzgi, es** | ein Fünfzigrappenstück |
| **fuge** | tragen, schleppen |
| **fungge** | (hinein)stopfen, zusammendrücken |
| **Funggete** | Gedrücke, Gedränge |
| **fünkle** | Funken geben |
| **füraa** | meistens, gewöhnlich |
| **fürblybe** | übrig bleiben |
| **füre** | hervor, nach vorn |
| **fürechnüble, füregrüble** | hervorklauben, herausgrübeln |
| **fürecho** | hervorkommen |
| **füregüggele** | hervorgucken |
| **fürelige** | sich vorbeugen |
| **füremache** | hervorholen |
| **fürenää** | hervornehmen |
| **fürerücke** | herausrücken |
| **füreworgge** | herauswürgen |
| **Furgge** | gabelförmiger Bergeinschnitt, Furka |
| **fürha** | 1. übrig haben, 2. vorhalten |
| **fürig** | übrig, vorrätig |
| **fürsi** | vorwärts, weiter |
| **futtere** | schimpfen |
| **füürle** | Feuer im Freien machen |
| **fuuschte** | mehr gewaltsam als geschickt arbeiten |

## G

| | |
| --- | --- |
| **ga** | gehen |
| **Gääbsche** | Schulaufgaben |
| **Gaagger** | Krähe |
| **gääi** | sehr schnell, plötzlich |
| **gäbig** | gut brauchbar, bequem, handlich |
| **Gäder** | Sehnen im Fleisch |
| **gaga** | senil |
| **Gagel** | Kothaufen |

| Schweizerdeutsch | Deutsch |
| --- | --- |
| gagere, gogere | klettern, ersteigen |
| gäggele | basteln, eine knifflige Kleinarbeit machen |
| Gaggo | Kakao |
| gäitsche | kläffen, bellen |
| Gäitsche | Tratschweib |
| Galööri, Galouderi | Flegel, sich übermütig, dumm benehmender Mensch |
| Ganggel | Narr, Mensch, der nichts ernst nimmt |
| gänggele | Geld für Süssigkeiten oder unnütze Dinge, Naschwerk ausgeben |
| ganggle | auf lustige, täppische Art mit einem Kind oder Tier spielen, den Narren machen |
| Gant | öffentliche Versteigerung |
| Gänterli | kleines, meist an der Wand hängendes Schränkchen mit Fächern zum Aufbewahren von Wertsachen |
| gärtele | den Garten liebevoll besorgen |
| gartne | im Garten arbeiten |
| Gartong | Pappkarton |
| Gattig | Aussehen, Gestalt, Art |
| gattlech, gattlig | ordentlich, wohlanständig, schön oder freundlich anzusehen |
| Gäx | Naseweis, vorwitziger Mensch |
| gaxe | stammeln, sich mühsam verständigen |
| Gchaar | Sudelei, Geschmier |
| Gchäär | Gejammer, Streit, Zank, Quengelei |
| Gchafel | Gekritzel, Geschmier |
| Gchniep | Trödelei, Nichtvorwärtsmachen |
| Gchnorz | mühsame, knifflige Arbeit |
| Gchööz | unappetitlich Gekochtes, Gesudel, Geschmier, Gebräu |
| Gchotz | Erbrochenes |
| Gchuppele, Tschuppele | Gruppe, Trüppchen, Schar |

| Schweizerdeutsch | Deutsch |
| --- | --- |
| Geewee | Grössenwahn |
| geischte, gspängschte | spuken |
| Geisle | Peitsche |
| geng, gäng, ging | immer |
| gfätterle | spielen, von Kindern |
| Gfeel, Gfell | Glück |
| gfelig | vom Glück begünstigt |
| gfitzt | schlau, pfiffig |
| gfölgig | folgsam |
| gförchtig, gfürchtig | furchterregend |
| Gfotz | 1. faseriges, zerfetztes Zeug, 2. liederliche Arbeit |
| Gfräs | 1. Gesicht (derb), 2. kleiner Abfall von Holz, Gras, Stoff, Laub, Kehricht |
| gfröit | erfreulich, ansprechend, sehr gut |
| Gfrüürlig | kältescheuer Mensch, Stubenhocker |
| gheie | fallen, werfen |
| Gheie | Lärm, Aufhebens (um etwas machen) |
| Ghetz | Hetzerei, übertriebene Eile |
| ghögerig | hügelig |
| Gholei | Geschrei, lärmiges Herumtreiben |
| Ghudel | Unordnung, unsorgfältige Arbeit |
| Ghüder | Abfall, Kehricht, Müll, wertloses Zeug |
| ghüdere | zum Kehricht werfen |
| Ghüderi | kleiner Knabe, Dreikäsehoch |
| Ghürsch | Wirrwarr, Durcheinander von Fäden |
| ghüslet | kariert, gewürfelt |
| Ghütt | Hütte, Baracke, baufälliges Haus |
| ghuufet, ghuuftig | gehäuft voll |
| Gybe | 1. Ziege, 2. Schlitten |
| gybele | rodeln, schlitteln |
| gybeli-gääl | zitronengelb |
| Giechtigi | Gereiztheit, Erbitterung |
| Giel | Knabe, Bub |
| gygaasche | mit dem Stuhl schaukeln |

| Schweizerdeutsch | Deutsch |
| --- | --- |
| **Gygampfi; Gygampfiross** | Wippe, Schaukel, Schaukelpferd |
| **gigele, gygele** | kichern, pfupfen |
| **giggerig, uf** | scharf, auf |
| **gine** | gähnen |
| **gingge** | treten, deutlichen Hinweis geben |
| **Gingg** | Tritt, heimlicher Stoss |
| **Gipfeli** | Hörnchen, Blätterteiggebäck, Croissant |
| **gyre** | quietschen, kreischen, knirschen |
| **Girgel** | dünnes, schmächtiges Geschöpf |
| **Gytgnäpper** | Geizhals |
| **gytig** | geizig, habsüchtig |
| **Gitzi** | Zicklein |
| **gyxe** | 1. stechen, scherzhaft mit dem Zeigefinger oder im Ernst, 2. quitschen, kreischen |
| **Gjätt** | Unkraut |
| **Gjufel** | aufgeregtes Hasten, Gehetze |
| **glaarig** | grell, leuchtend in den Farben |
| **Glafer** | blödes, leeres Geschwätz |
| **Glauer** | Nachlässigkeit, Saumseligkeit |
| **Gledel** | 1. Glatze, 2. gläserne Murmel (Marmel) |
| **gleitig** | flink, behände, rasch |
| **glette** | bügeln |
| **Glettyse** | Bügeleisen |
| **gly** | bald |
| **glyche** | ähneln |
| **Gliger** | Lagerstätte, Schlafstelle |
| **Gloschli** | Unterrock |
| **Glöif** | Grossaufmarsch, Zuzug zu einer Veranstaltung |
| **Gluggere** | Henne, Bruthenne, Glucke |
| **Gluggsi, Gluxi** | Schluckauf |
| **Glungge** | Pfütze, Tümpel, kleiner Weiher |
| **Glünggi** | Trottel |
| **Gluscht** | Appetit, Lust *(auf etwas haben)* |

| Schweizerdeutsch | Deutsch |
| --- | --- |
| Glüschteler | lüsterner Mensch, Spanner |
| glüüssle | verstohlen, lauernd, blinzelnd spähen |
| gmerkig | aufgeweckt, schnell erkennend |
| gmögig | sympathisch, anziehend |
| Gmoscht, Gschtungg | Gedränge |
| gnage | nagen |
| Gnagi | Eisbein, Schweinshaxe |
| gnäppere | geizen, knausern |
| Gnepfi | auf der Kippe, Ungleichgewicht; Krise |
| gnepfe | fast umkippen, wackeln, straucheln |
| gniete | mit Bitten und Jammern lästig fallen |
| gnietig | ermüdend, mühsam, beschwerlich |
| gnyppe | mit dem Wiegemesser zerschneiden |
| gnoppe | hinken, wanken, mühsam und immer wieder einknickend gehen |
| Gnuusch | Unordnung, Durcheinander |
| Gofere | Koffer |
| gogere | klettern, klimmen |
| Gogeri | Kind, das überall hinaufklettert |
| Göifer | Speichel |
| göisse | schreien |
| Ggöiss | Geschrei, Gekreische |
| Gonfi | Konfitüre, Marmelade |
| Goof, Gööfli | Göre, Kind |
| Gööggete | Erbrochenes |
| Gööl | 1. Schwachsinniger, 2. Trottel, Dummkopf (Schimpfwort) |
| Gooli | Torhüter |
| Göppel | abwertend für Fahrzeug oder Maschine allgem. |
| gore | grübeln, stochern |
| Gorps | Aufstossen, Rülpsen |
| Gosche | Mund, Maul (derb) |
| Gottwilche | Willkommen |
| Göuggel | Narr, törichter Spassmacher |

| Schweizerdeutsch | Deutsch |
| --- | --- |
| gouggle, göuggle | Spass treiben, herumtollen |
| goume | hüten |
| göutsche | Flüssigkeit schwallweise verspritzen |
| graagge | kriechen, auf allen vieren gehen |
| gradane | ungehemmt, offen |
| Grageel | 1. lang aufgeschossener Mensch, hohes Gerüst, 2. Krakeel, Freudentumult |
| graglet voll | gestossen voll *(Obst, Leute)* |
| Grampool | Lärm, Spektakel |
| Grampoolschybe | Fünffrankenstück |
| gramsle, gramselig | krabbeln, wimmeln, kribbelig |
| gränne | weinen |
| Gränne | Grimasse, Fratze, weinerliches Gesicht |
| Gränni | Heulpeter, Heulsuse, weinerliche Person |
| grase | Grünfutter mähen, grasen |
| grate | gelingen, gut herauskommen |
| gräuele | grau werden, schimmeln |
| Grien | Kies, Schotter |
| Gring | Kopf |
| Grittibänz | 1. alter Mann, 2. Männchen aus Hefeteig zum St. Nikolaustag |
| grittlige | mit gespreizten Beinen |
| Gröibschi, Gigertschi | Kerngehäuse der Kernfrüchte |
| gröijig | reuig sein |
| Gröikts | Fleisch aus dem Rauch |
| Grööggel | schwächlicher, kleiner Mensch, Knirps |
| grüble | in etwas bohren, bohrend suchen |
| gruchse, grochse | ächzen, stöhnen |
| Gruchsi | Hypochonder |
| Grümpelturnier | Jekami-Fussball-Turnier |
| grümschele | knuspern, etwas Unwichtiges tun |
| Grümscheler | einer, der unwichtige Kleinarbeit verrichtet |

| Schweizerdeutsch | Deutsch |
|---|---|
| grupe | kauern, auf den Fersen hocken |
| grüsle | unappetitliche Sachen machen |
| gruusig | widerlich, unappetitlich, hässlich |
| Gschyss | Getue, Aufhebens, Geschrei um etwas |
| Gschlaber | breiige oder flüssige Speise, die man schlabbert |
| Gschlargg | Geschmier |
| Gschleipf | scherzh. für Affäre, Verhältnis |
| Gschlüder | kraft- und geschmacklose Brühe oder Getränk |
| Gschmöis | Pack |
| gschmuech | übel, schwach vor Hunger, Hitze oder Beklemmung |
| Gschnätzlets | Geschnetzeltes |
| Gschnör | Geschwätz |
| Gschnuder | Triefnase |
| gschoue | anschauen |
| Gschoui | Besichtigung |
| gschweigge | zum Schweigen bringen |
| gschwelle | im Wasser kochen, anschwellen |
| Gschwellti | Pellkartoffeln |
| Gschwüschterti | Geschwister |
| Gspane | Partner, Gefährte, Freund |
| gspängschte, geischte | spuken |
| gspässig | merkwürdig, sonderbar, seltsam |
| gsperig | ungelenk, steif |
| Gstabi | steifer, ungelenker, unbeholfener Mensch |
| Gstelaasch | sperriges Gestell, unförmiges Gerüst, das viel Raum wegnimmt |
| Gsüchti | Rheuma, Gliederreissen, Gliedersucht |
| gsunndiget | im Sonntagsstaat |
| Gsüün | Gesicht, Gesichtszüge |
| Guaagg | 1. Krähe, 2. Dummkopf, gedankenloser Mensch |

| Schweizerdeutsch | Deutsch |
|---|---|
| Gueg | Käfer |
| guene | staunend, gespannt oder gierig zuschauen, gelüsten |
| Güezi | kleines, meist süsses Backwerk, Keks, *Schimpfwort* für Frau |
| güezele | kleines Backwerk herstellen |
| Gufe | Stecknadel |
| güfele | mit Stecknadeln heften |
| Güggel | Hahn |
| Güggeli, Poulet | gebratenes Hähnchen, Broiler |
| Gugger | Kuckuck oder Fernglas |
| Guggernälli | Dachluke; Dachstübchen |
| Guggumere | Gurken |
| gugle | fröhlich lachen |
| Gülle | Jauche |
| Gumeli | Gummibändchen |
| Gump | Sprung, Luftsprung |
| Gumsle | dumme, aber gemütliche Frau |
| Gunträri | Gegenteil |
| Gurasch | Mut |
| Guschti | junges Rind |
| Gusi | Schwein |
| gusle | stochern |
| Gutsch | Schwall, Guss |
| Gutter, Guttere | Flasche |
| gütterle | zittern vor Kälte |
| güügele | über den Durst trinken, saufen |
| Guweer | Briefumschlag |
| gwaggle | wackelnd gehen |
| Gwaggli | Trottel, einer der wackelt beim Gehen |
| gwaglet | gewieft, erfahrungsreich |
| Gwaschel, Gwauscht | Geschwätz, Schwatzlärm |
| gwirbig | tüchtig, emsig, rührig |
| gwundere | neugierig schauen, Nase vorn haben |
| Gwunder | Neugierde |

| Schweizerdeutsch | Deutsch |
|---|---|
| **H** | |
| **haarig** | schlimm |
| **Haarschelm** | scherzh. Frisör |
| **habere** | scherzh. für essen |
| **häb-chläb** | mit knapper Not |
| **Hach, Hächu** | Mann *(derb)* |
| **Hackblätzli** | Frikadelle, Fleischpflanzerl |
| **Hafe** | Topf |
| **hagebuechig** | harthölzern |
| **Halbeli** | halber Liter *(Wein)* |
| **halse** | den Hals strecken |
| **Halszäpfli** | Gaumenzäpfchen |
| **Hamme** | Beinschinken, gekocht |
| **Hampfele** | Handvoll |
| **hämpfele** | mit der ganzen Hand umfassen |
| **händele** | kleine Handelsgeschäfte betreiben |
| **händle** | zanken, streiten |
| **Händsche** | Handschuhe |
| **Härd** | Erde, Erdkrume, Erdreich |
| **härdele** | mit Erde arbeiten oder spielen |
| **Härdöpfel** | Kartoffeln |
| **härdöpfele** | Kartoffeln ernten |
| **Härdöpfelstock** | Kartoffelpüree |
| **härepänggle** | hinwerfen |
| **Härzchäfer** | Liebling, Schatz |
| **harzig** | mühsam, fast nicht zu schaffen |
| **hässig** | gereizt, unwirsch, unverträglich |
| **Hawass** | Falschmeldung, unglaubliche Sache, Blödsinn |
| **hebuleete** | ausgelassen und lautstark feiern |
| **heepe** | herbeirufen, herbeiwinken |
| **Heftli** | Illustrierte, Zeitschrift |
| **Hegel** | Messer |
| **hegle** | ärgern, zu schaffen machen |
| **heimele** | an zu Hause erinnern, anheimeln |
| **heimlifeiss** | gescheiter oder reicher als es nach aussen scheint |

| Schweizerdeutsch | Deutsch |
| --- | --- |
| Heiteri | Helligkeit |
| Heiti | Heidelbeere(n) |
| helke | foppen, necken, hänseln |
| helte | schief halten |
| Hemmli | Hemd |
| henusode | meinetwegen |
| herrschelig | hochmütig, vornehm tuend |
| hilb | mild, warm und windstill |
| Himelgüegeli | Marienkäfer |
| himpe | hinken |
| Himpi, Himbeeri | Himbeeren |
| hindenabe, hindenache ga | abnehmen, zugrunde gehen |
| hindenuse | nach dem Garten hinaus |
| hinderha | bremsen, zurückhalten |
| Hinderlig, im | Rückstand, im |
| hindertsi | rückwärts |
| hinecht | heute Abend |
| Hirni | Gehirn |
| Hochschyn | Begriff, Ahnung |
| Höck | gemütliches Zusammensein |
| Hoger, Horeb | Hügel, Berg |
| Höiel | zersaustes Haar |
| Höigümper | Grashüpfer |
| höische | verlangen |
| holeie | johlen, ausgelassen, lustig sein |
| Hootsch | nachlässige, schlampige, unordentliche Person |
| hootschig | schlampig, nachlässig |
| Hootschgufe | Sicherheitsnadel |
| Hörnli | Teigwaren, Gabelspaghetti |
| Hoschtet | Obstgarten |
| Höseler | Feigling, Angsthase |
| houe | schneiden |
| Hudel, Hudle | Lumpen, Lappen, Stofffetzen |
| hudle | 1. schütteln, 2. pfuschen, liederlich arbeiten 3. stürmen, regnen, schneien |

| Schweizerdeutsch | Deutsch |
|---|---|
| Hudigääggeler | Ländler, Volksmusikstücke |
| Hudilumper | Lumpensammler |
| Hüenerhut | Gänsehaut |
| Hundsverlochete | unbedeutende Veranstaltung, Feier, Zusammenkunft (wörtl. Begräbnis eines Hundes) |
| Huppi | Haartolle über der Stirn, Haarknoten |
| hurti | rasch, schnell |
| Huscheli, Huschi | unordentliches, etwas beschränktes Geschöpfchen |
| hüschtere | hetzen, zur Eile antreiben |
| Husligi | Sparsamkeit |
| huslech, huslig | sparsam |
| Hustage | Frühjahr |
| Hutte | 1. Rückentragkorb, 2. gutmütige, bemitleidenswerte Person |
| hüür, hüürig | dieses Jahr, diesjährig |
| huure | kauern |
| Huuri | Waldkauz, Nachteule |

## Y

| | |
|---|---|
| ybuttele | in den Schlaf wiegen |
| ychleipe | einkleben |
| yfa | einfangen |
| yga | eingehen |
| yhuse, sech | sich wohnlich einrichten |
| Yigchlemmts | Sandwich, Stulle |
| yla, sech | sich einlassen, einlenken |
| ylyre | einwickeln |
| ymummle, sech | sich einwickeln, mit Hüllen versehen |
| ynachte | Nacht werden |
| ynä | einnehmen |
| yne | hinein, herein |
| ynebyge | eine Menge essen |
| ynebrämse | jmdm. eine unangenehme Aufgabe zuschanzen |

| Schweizerdeutsch | Deutsch |
| --- | --- |
| ynega | hineingehen |
| ynegheie | hineinfallen, hereinfallen |
| yneglüüssle | hineinspähen |
| ynelyme | hereinlegen |
| yneschiesse | kopflos hineinrennen |
| ynestungge | hineinstopfen |
| ynetroole | hereinfallen |
| ynucke | einschlummern |
| yschaffe | einarbeiten |
| yschänke | einschenken |
| Yse | Eisen |
| ysig | eisern, (bildl.) energisch, mit grossem Einsatz |
| ytätsche | einschlagen |
| ytue | 1. einknöpfen, 2. Ernte einbringen, 3. einsperren |
| ytünkle | eintauchen |
| ywintere | für den Winter rüsten |
| yu, ieu | ja |

## J

| | |
| --- | --- |
| Jass | Kartenspiel |
| joggle | trotten, läppisch gehen |
| jufle | allzu rasch arbeiten, hetzen, hasten |
| Juflete | Gehetze, Arbeit unter Zeitdruck |
| juscht, juschtemänd | gerade, genau |

## K

| | |
| --- | --- |
| käfele | zusammen gemütlich Kaffee trinken |
| karisiere | Zärtlichkeiten austauschen (von Liebespaaren) |
| Karsumpel | Plunder, bunter Haufen wertloser Ware |
| kättele | gemütlich mit einem Fahrzeug herumfahren |

| Schweizerdeutsch | Deutsch |
|---|---|
| keinisch | nie, überhaupt nicht |
| kytsche | kaufen |
| Knüüs | Knirps, Kauz, klein gewachsener, vierschrötiger Mensch |
| kumod | bequem, gelegen |
| Kundi | Kondukteur, Schaffner |
| Kunzine | Weisung, Befehl |
| kurlig, kuurlig | sonderbar, merkwürdig, seltsam |

## L

| | |
|---|---|
| lädele | Schaufenster und Läden besichtigen, Einkäufe machen, shoppen |
| lafere | pausenlos unüberlegt schwatzen |
| Lafere | Schwatzmaul |
| Laffli | Schulterstück vom Schwein oder Schaf |
| Lälle | heraushängende Zunge |
| Lamaaschi | träger, trödelnder Mensch |
| lamaaschig | faul, langsam und träge |
| lampe | schlaff herabhängen |
| Landjeger | 1. Dorfpolizist, 2. gepresste, geräucherte Dauerwurst |
| Ländti | Schiffslandeplatz |
| Längizyti | Heimweh, Langezeit |
| langlöufle | Skilanglauf machen |
| lappe, läppele | lecken, schlürfen, eine Flüssigkeit gierig trinken |
| Lappi | Dummkopf, ungeschickter Mensch |
| Läser | Winzer, Leser |
| Läset | Weinlese |
| Lätsch | 1. Schleife, 2. Masche beim Stricken, 3. missmutig verzogener Mund, 4. Schlinge, Falle |
| Lätt | Lehm |
| lättele | mit Lehm spielen |

| Schweizerdeutsch | Deutsch |
| --- | --- |
| lauere | müssig herumstehen, Zeit vertrödeln |
| Laueri | Nichtsnutz |
| Lybli, Underlybli | Leibchen, Unterhemd |
| liede | laut und fröhlich Lieder singen |
| liglige | liegend |
| lind | weich gekocht |
| lynig | aus Leinen |
| lisme | stricken |
| Lismete | Strickarbeit |
| lodele, lodelig | locker sein, wackeln |
| löibele | in Berns Lauben auf und ab schlendern |
| löie | sich ausruhen |
| Lööli, Löu | Trottel, Dummkopf |
| lööle | sich närrisch benehmen |
| Loschy | Wohnung |
| lose | horchen, aufmerken, zuhören |
| lösle | losen, auslosen |
| lottere | aus den Fugen sein, wackeln, baufällig oder ausgeleiert sein |
| Loubfläcke | Sommersprossen |
| Loudi | sorg- und gedankenloser Springinsfeld |
| Louwi | Lawine |
| löitsche | müssig herumstrolchen |
| Löitsch | Vagabund, arbeitsscheuer, herumstreichender Mensch, herumstrolchender Hund |
| Löitsche | arbeitsscheue, unsolide Frau |
| luege | schauen, nachsehen |
| lugg | locker, lose, nachgiebig |
| lugge | sich lockern, sich entspannen |
| Lumpe | Stofffetzen, Lappen |
| Lumperei | Strolchentat, dummer Streich |
| lüngele | Zigarettenrauch in die Lunge ziehen |
| lüpfe | aufheben |

| Schweizerdeutsch | Deutsch |
|---|---|
| lüpfig | beschwingt *(Tanzmusik)* |
| Lüti | Hausglocke |
| lützel | unsolid, schwach, ein baufälliges Gebäude |
| lüünig | launisch, jeder Stimmung unterworfen |

## M

| | |
|---|---|
| Määndig, Mäntig | Montag |
| Magebrot | Lebkuchengebäck, spez. am Jahrmarkt |
| Mailänderli | Weihnachtsgebäck |
| mämmele | langsam und genüsslich trinken, (auch vom Säugling und vom Gewohnheitstrinker) |
| mänge, mägi, mängs | mancher, manche, manches |
| mängisch | manchmal |
| mangle | fehlen |
| mantsche | laut und unappetitlich essen |
| Märe | Stute |
| märggele | Briefmarken sammeln, austauschen |
| Märggeler | Briefmarkensammler |
| Märit | Markt |
| märmele | mit Marmeln (Murmeln) spielen |
| Märmel | Marmel |
| Marroni | Esskastanien |
| märte | markten, feilschen |
| Masel | Glück |
| massleidig, masslydig | übellaunig, verdriesslich |
| Matte | Wiese, Grasfläche |
| Meertrübeli | Johannisbeeren |
| Megerlimucki | scherzh. für sehr magere Person |
| megge, meie | stinken, schlecht riechen |
| Meie | 1. Monat Mai 2. Blumenstrauss |
| Meitschi, Meitli, Modi | Mädchen |
| Merängge (Meringues) | Sahnebaiser |

| Schweizerdeutsch | Deutsch |
| --- | --- |
| merkig | schnell auffassend, richtig beobachtend |
| **Midwuch, Midwuche** | Mittwoch |
| **Miesch** | Moos |
| myggerig | armselig, dürftig, schäbig |
| **Milchchäschtli** | genormtes Zusatzfach beim Briefkasten; früher für die Milch, heute für Pakete |
| **Milchmälchterli** | Milchtragegefäss |
| minder, minger | 1. weniger, 2. minderwertig, schlecht |
| **Minggis** | ungeordneter wertloser Plunder |
| minggmänggele | durcheinandermachen, vermischen |
| mira | meinetwegen, einverstanden, es ist mir egal |
| mischte | reinigen, ausräumen |
| **Mischtchratzerli** | ganz junges Brathähnchen |
| myseel | meiner Treu, wirklich |
| mitha | mitfeiern, mittrinken, mitmachen |
| **Mytli** | Pulswärmer |
| **Modelschinke** | in Form gepresster Schinken |
| **Mödeli** | 1. Angewohnheit, 2. Buttertäfelchen |
| **Möff** | Trottel, Dummkopf, arroganter Laffe |
| moffle | mürrisch widerreden, schmollend brummen |
| möögge | laut schreien, brüllen |
| mohl, moou, mou | ja doch (bejahend), wohl denn |
| **Moore** | 1. Mutterschein, 2. Hure; liederliche Person, Schmierfink *(sehr derb)* |
| **Moorerei** | Schweinerei |
| morn, zmorndrischt | morgen, am folgenden Tag |
| **Moscht** | Apfelsaft, *ugs. auch für* Benzin |
| **Mose** | Flecken |
| **Moudi** | Kater |
| **Mouggere** | saure Miene, Schmollmund |
| mudere, muderig | kränkeln, unwohl |
| **Muetere** | Schraubenmutter |
| muff | erbost, verärgert |

| Schweizerdeutsch | Deutsch |
| --- | --- |
| müffele | nach vermoderten, mudffligen Dingen riechen |
| Mugge | 1. Mücke, 2. Laune, Flausen; Tücken |
| mugge | klauen, stehlen |
| Muni | Stier, Zuchtstier |
| mune | etwas mit Stierkräften erzwingen wollen |
| Mungg, Munggeli, Murmeli | Murmeltier |
| Müntschi | Kuss |
| müntschele | mit Küssen bedecken |
| müpfe | schubsen, leicht stossen |
| Mupf | Schubs, Stoss |
| Mürggel | 1. Brotanschnitt 2. mürrischer Kerl |
| Mütschli | Semmel |

# N

| | |
| --- | --- |
| nä, näh | nehmen |
| naache | näher rücken *(Termin)* |
| naadisnaa | nach und nach |
| näbenab, näbenume | abseits, beiseite |
| nachecho | nachkommen, begreifen, verstehen |
| nachedopple | ein zweites Mal sagen, bestätigen, bekräftigen |
| nachega | folgen |
| nachenä | erschüttern, strapazieren |
| nachetschalpe | nachschlurfen |
| nächti | gestern Abend |
| Näggi | Körperschaden, Verletzung |
| Näll | Trumpf-Neun-Karte im Jassspiel |
| namse | benennen |
| Narebeindli | empfindliche Stelle am Ellbogen |
| Necessaire | Kulturbeutel |
| Nidle | Sahne |
| nidsi, nidsig | abwärts |
| Niele | Waldrebe |

| Schweizerdeutsch | Deutsch |
|---|---|
| niene | nirgends |
| nifle | an etwas herumbasteln, herumfingern |
| niflig | mühsam, heikel, knifflig |
| nigelnagelnöi | ganz neu |
| nysche | schauen |
| nobis | nein |
| Nöggi, Nöggeli | herziges, drolliges Kind |
| Nouss | Spielscheibe beim Hornusserspiel |
| Nuck | Nickerchen |
| nüdere, nüele | stochern, wühlen |
| nüechtele | modrig, muffig riechen |
| Nuggi | Schnuller |
| Nüsslisalat | Feldsalat, Rapünzchen |
| nuusche | suchend herumstöbern |
| nuuschig | unordentlich |
| nüüt, nüt | nichts |

## O

| Schweizerdeutsch | Deutsch |
|---|---|
| Oberjehu | oberster Chef |
| obezueche | oberhalb |
| Ohremüggeli | Mumps, Ziegenpeter |
| obsi | nach oben, hinauf, aufwärts |
| Ofechüechli | Windbeutel |
| öppe, öpper, öppis | ungefähr, jemand, etwas |
| Ougschte | August |

## P

| Schweizerdeutsch | Deutsch |
|---|---|
| päägge | schreien, heulen |
| Päägg | Aufschrei, Angst- oder Schmerzensschrei |
| Pääggel | Lämmchen |
| pääggelhäärig | widerborstig |
| pänggle | mit Wucht werfen |
| Pänggel | dicker Stock, Knüppel |

| Schweizerdeutsch | Deutsch |
| --- | --- |
| Paprika | Gewürz |
| Patisserie | Konditorei, feines Gebäck |
| Peperoni | Paprika |
| Peperoncini | Peperoni |
| Peterlig | Petersilie |
| pfycke, pfääje, pfitze, sech | sich eilig davonmachen |
| Pflotsch | Schneematsch, mit Schnee vermischter Strassenschmutz |
| Pfludi | Strassenkot, Schneematsch |
| Pfluuschti | dicker, fauler, unbeweglicher Mensch |
| pfnuchse | geräuschvoll durch die Nase schnauben |
| Pfnüsel | Schnupfen |
| pfösele | unbeholfen gehen, watscheln |
| pfudere | flüchtig arbeiten, pfuschen |
| Pfuderi | jemand, der schlechte Arbeit leistet |
| Pfüderi | kleiner Knirps, Hosenmatz |
| pfunde | 1. faul dasitzen, 2. Stuhlgang haben |
| pfupfe | 1. stossweise verstohlen lachen, kichern, 2. stossweises Losgehen von Feuerwerk |
| Pfusibacke | Pausbacke |
| pfuuse | 1. sausen (von ausströmender Luft) 2. schlafen |
| Pfuus | Luft, Puste, Atem |
| Pinggel | Trottel, einfacher Soldat |
| Pinggis | Knirps, kleines, selbständiges Büblein |
| pyschte | pusten, keuchen |
| Pyschti | einer, der sich geräuschvoll keuchend bemüht |
| Pläär | Geheul, lautes Weinen |
| plampe | schwanken, baumeln pendeln |
| Plämu | Enttäuschung, Blamage |
| plange | sehnlich warten, sich sehnen |
| Plastigmäppli | Klarsichthülle |

| Schweizerdeutsch | Deutsch |
| --- | --- |
| **plättere** | faul herumliegen |
| **Plättere** | dicke, imposante Frau |
| **plegere** | faul herumliegen, Siesta machen |
| **Ploder** | Rausch |
| **plodere** | 1. Blasen aufwerfen, aufwallen, kochen, 2. sich einen Rausch antrinken, 3. dumm daherreden |
| **plööterle** | langsam und träge arbeiten |
| **pluderig** | bauschig |
| **Polderi** | cholerischer, zu Zornausbrüchen neigender Mann |
| **poleete** | lärmend behaupten, lauthals verkünden |
| **Poli** | Kopf |
| **poschte** | Besorgungen machen |
| **Pöschteler** | Postbeamter, Briefträger |
| **Poschi** | Postauto |
| **Poschtornig** | einem die Meinung sagen, zurechtweisen |
| **Poschtur** | Gestalt, Körperbau |
| **pralaage** | lauthals prahlen, aufschneiden |
| **Pralaaggi** | Aufschneider, Prahlhans |
| **präschtiere** | ertragen, aushalten |
| **purlimunter** | munter und vergnügt |

## Q
| | |
| --- | --- |
| **quante** | kaufen |

## R
| | |
| --- | --- |
| **rääss** | 1. scharf, gewürzt, salzig, 2. bissig, heftig, 3. rasant, sausend |
| **Rabättli** | Lätzchen für Säuglinge |
| **räble** | rattern, poltern |
| **Räblete** | Menge durcheinanderrennender Wesen |

| Schweizerdeutsch | Deutsch |
|---|---|
| ragle | wimmeln, in Mengen vorhanden sein |
| Raglete | Menge, Haufen |
| Rande | Rote Bete |
| Ranggi | unruhige Person, die immer hin- und her rutscht |
| ratiburgere | hin- und herraten, beraten |
| Rauft | Brotrinde, Käserand, Gebäckkruste |
| rauig | weinerlich und mürrisch |
| recke | langen, reichen |
| reisle | Vergnügungsreisen machen |
| Rybyse | zänkische, keifende Frau |
| Rickli | Öse oder Drahtschlinge, in die der Haftel einhakt |
| Ringi | Mühelosigkeit |
| ripse | wund reiben |
| Rytschuel, Rösslispil | Karussell |
| rössele | nach Pferd riechen |
| Rösseler | Pferdeliebhaber |
| rössle | reisen, in der Welt herumfahren |
| Rossnegel | Kaulquappen |
| rübis u stübis | restlos |
| Rubelihaar | Kraushaar |
| Rüebchöhli | Kohlrabi |
| Rüebli | Karotte, Möhre |
| rueche | rau anfassen, grob verfahren |
| Ruech | grober Mensch, Raubein |
| rüejig | bedächtig, sorgenfrei, ruhig |
| Ruflete | Rauferei, Getümmel |
| rugge | knarren, quietschen, gurren |
| rügglige, rüggligse | auf dem Rücken, rücklings |
| rumpelsurig | mürrisch, schlecht gelaunt |
| rumpfe, verrumpfe | knittern, zerknittern |
| Rumplete | Lärm, Gepolter |
| Rundumel | Kreis, Scheibe |
| rünele | rinnen, spärlich, aber ständig fliessen |

| Schweizerdeutsch | Deutsch |
| --- | --- |
| **Rung, Rüngli, Wyli** | Weile, Weilchen |
| **Runggle** | Runkelrübe |
| **rungguusse** | rumoren, Lärm machen, gründlich putzen |
| **Runggussete** | Schlägerei, Streit |
| **Ruschtig** | Ware, Sachen |
| **Ruume** | Speisekruste am Boden des Kochgeschirrs |
| **Rüüme** | Schnupfen |

## S

| | |
| --- | --- |
| **Sackgäld** | Taschengeld |
| **Sackgäldverdunschter** | Moped |
| **Sackhegel** | Taschenmesser |
| **sädle, sech** | sich niederlassen |
| **Samichlous** | St. Nikolaus |
| **Samschtig** | Samstag |
| **sänkle** | zur Ordnung weisen |
| **Sänkel, im** | senkrechte Stellung |
| **särble** | dahinsiechen, verkümmern |
| **Sargnagel** | Zigarette |
| **satze** | springen, in grossen Sprüngen laufen |
| **sauft** | füglich, wirklich, wohl |
| **Schabe** | Motte, (bildl.) Mädchen, Freundin |
| **Schabziger** | Glarner Kräuterkäse |
| **Schachtle** | (Papp)Karton |
| **schaffe** | arbeiten |
| **Schaft** | Schrank |
| **Schale** | Schal, Dreiecktuch, Männerrock, Nussschale |
| **gschalet** | im Anzug |
| **schaluus** | neidisch, eifersüchtig |
| **schangschiere** | Kleider wechseln |
| **schärbele, schirbele** | Klirren von zerschlagenem Geschirr |
| **Schärme** | Schutzdach, geschützter Ort |

| Schweizerdeutsch | Deutsch |
|---|---|
| schätzele | liebkosen |
| Scheiche | Beine |
| scheichle | laufen, beineln |
| scheide | 1. gerinnen (Milch), 2. die Ehe scheiden |
| Scheieli | Zaunlatte |
| Schese | kleine, gedeckte, gepolsterte Kutsche, (bildl.) dumme Frau |
| Scheste | Gebärde |
| Schieber | Jassspiel |
| schier | beinahe, fast |
| schifere, schiferle | gleiten, flache Steine übers Wasser werfen, sodass sie mehrmals aufspringen |
| Schyggoree | Zichorie |
| Schimpfis | Tadel |
| schynagle | anstrengende Arbeit verrichten |
| Schynagel | mühsame, anstrengende Arbeit |
| schinte | schälen, häuten |
| Schinti | Schale von Früchten und Gemüse |
| Schysshafe | Nachttopf |
| Schysshüsler | Eisbecher Dänemark |
| Schyssi | Abort |
| schyssig | erbärmlich, schlimm |
| schitter | schwach, hinfällig, gebrechlich, schlimm |
| schittere | hinfällig, gebrechlich werden, abnehmen |
| Schläcki, Schläckstängel | Lutscher, Lolli |
| schlafsturm | vom Schlaf benommen, schlaftrunken |
| schlampe | schlaff herabhängen, welk sein (Blumen) |
| Schlämperlig | Schelt- oder Spottwort, Schimpfname |
| schlargge | schmieren, klecksen |
| Schlargg, Schlirgg | Klecks, Farbspritzer |

| Schweizerdeutsch | Deutsch |
|---|---|
| schlarpe | langsam schlurfen, latschen |
| Schlarpe | 1. abgenutzter Schuh, 2. schlurfende, langsame Frau |
| schlärpele | sehr langsam gehen, die Füsse nachziehen |
| Schleglete | Keilerei |
| schleike, schleipfe | schleppen, tragen |
| schletze | zuschlagen, heftig ins Schloss werfen *(Türe)* |
| schlychig | unaufrichtig, heuchlerisch |
| Schlick | nur einmal geschlungener Knoten, Schlinge |
| Schlööf | Schlittschuhe |
| schlööferle | Schlittschuh laufen |
| Schlötterlig | Schimpfwort, Schimpfname |
| Schlufi | gutmütiger, aber energieloser Mensch, Trottel |
| Schmier | 1. missliche Sache, dumme Angelegenheit, 2. Polizei |
| schmuuse, schmüüsele | kosen |
| schmuslig | schmuddlig, etwas unsauber |
| Schmutzli | Knecht Ruprecht |
| schnaagge | kriechen, sehr langsam fortbewegen |
| schnable, abeschnable | hastig essen, hastig reden |
| Schnabli | jd., der sehr schnell redet oder isst |
| schnadele | mit den Zähnen klappern vor Kälte oder Angst |
| schnäderfrääsig | heikel und wählerisch im Essen |
| Schnägg | 1. Schnecke, 2. Hefegebäck in Schneckenform, 3. Fünffrankenstück, 4. Schlittenkarren mit Rädern und Kufen, 5. Wendeltreppe |
| Schnäfel | Schnippel, Schnitzel |
| Schnatte | Striemen auf der Haut von einem Schlag |
| Schneebere | Schneeball, Schneeballschlacht |

| Schweizerdeutsch | Deutsch |
|---|---|
| Schnöre, Schnure | 1. Schnauze mancher Tiere, 2. Mund *(derb)* 3. Mensch mit geschliffenem Mundwerk |
| Schnöregyge | Mundharmonika |
| schnorz | gleichgültig |
| schnouse | naschen, (bildl.) schmöckern |
| Schnousi | naschhafte Person |
| Schnouz | Schnurrbart |
| Schnuder, Schnüderlig | fliessender Nasenschleim, Rotz, Triefnase |
| Schnuderi | 1. Schlingel, 2. Schnupfen |
| schnure | 1. schnurren der Katze, 2. reden *(derb)* |
| schnurpfe | unschön nähen |
| schnusig | herzig, entzückend |
| Schnuuf | Atemzug, Schnauf |
| Schnuufer | unreifes Bürschchen, junger Wichtigtuer |
| schnuze | Schnee mit Schneepflug wegräumen |
| Schnuze, Schnuzi | Schneepflug |
| Schoggela, Schoggi | Schokolade |
| schöösele | Kind auf den Knien halten |
| Schopf | Schuppen |
| schöppele | die Flasche geben |
| Schoppe | 1. Säuglingsflasche, 2. Weinmass |
| schoppe | hineinstopfen |
| Schorgrabeschlüssel | Appenzeller Tabakspfeife |
| Schrage | Pritsche, Bettgestell |
| Schranz | grosser Riss im Stoff |
| schränze | 1. gewaltsam zerreissen, 2. sirren |
| Schris | Begehrtheit |
| schrysse | mit aller Kraft ziehen, reissen |
| Schübel, Schübeli | Handvoll, Haufen, Büschel |
| schuderhaft | riesig, sehr |
| schuene | rasch gehen, laufen, traben |
| Schueni | 1. Mensch mit rascher Gangart, 2. Schuhmacher |

| Schweizerdeutsch | Deutsch |
|---|---|
| Schüfeli, Schüüfeli | 1. Schaufel, 2. geräuchertes Schulterblatt vom Schwein oder Schaf |
| schüpfe | stossen, schubsen |
| Schupf | Stoss, Schubs |
| schute | Fussball spielen, mit dem Fuss stossen |
| Schut | Stoss mit dem Fuss |
| Schuter, Schüteler | Fussballspieler |
| schütte | giessen, leeren |
| Schutzgatter | 1. Fallgitter, 2. Schussel, unachtsamer Mensch mit hastigen Bewegungen |
| schützig | voreilig, hastig, begierig, versessen |
| schüüch | schüchtern, scheu |
| Schüüchi | Schüchternheit |
| schüüche | scheuen, Angst haben |
| Schüüfeli | 1. Schulterblatt vom Schwein, 2. Kehrichtschaufel |
| schwabele | wabbeln |
| schwabelig | schwindlig, schwach, bes. nach Krankheit |
| Schwabli, Schwable | Schwätzer, Plappermaul |
| schwadere | im Wasser herumplätschern, mit den Armen rudern beim Reden |
| schwadle, schwadlig | eine Arbeit flüchtig, unsorgfältig machen |
| schwafle | unüberlegt schwatzen, das Blaue vom Himmel herab erzählen |
| schwänke | spülen, durchs Wasser ziehen |
| Schwanzi, Schwanze | Person, die gerne vagabundiert |
| schwanze | 1. Schwanzwedeln, 2. umherschweifen, ziellos spazieren gehen, umherstrolchen |
| schweisele | nach Schweiss riechen |
| Schweizi | in Fett und eigenem Saft gedämpfte Speise |

| Schweizerdeutsch | Deutsch |
|---|---|
| Schwick | Hui, Nu |
| schwyne | schwinden |
| schwynig | aus Schweinefleisch |
| schwöbele | Hochdeutsch sprechen |
| Schwoof | Tanz |
| Schwübbu | Homosexueller |
| Schwümmler | Pilzsucher, Pilzsammler |
| schwümmle, schwümmele | Pilze suchen |
| Seckel | Geldbeutel, Hodensack |
| seckle *(derb)* | rennen |
| Seich | Urin, (bildl.) Blödsinn |
| seichele | nach Urin riechen |
| Seigel | Leitersprosse |
| Sesch | Zigarette |
| Sichlete | Erntefest, Ernteschmaus |
| Syde | Seide |
| Sydian | Schimpfwort für jemanden, der einen ärgert oder wütend macht |
| Siech | Schimpfwort, *meist kombiniert mit* blöde, dumme |
| Sibesiech, Siech | Kraftausdruck: der Beste, der Wichtigste |
| Silserli | Laugenbrötchen |
| syrache | 1. so schnell wie möglich rennen, 2. lärmen, lauthals schimpfen |
| sytlige, sytligse | seitwärts |
| sitzlige | sitzend, im Sitzen |
| Söifer, Spöifer, Spöiz | Speichel |
| söifere, spöifere | 1. Speichel rinnen lassen, 2. tropfenweise Flüssigkeit sickern lassen |
| Söischmutz, Schwyfeissi | Schweinefett |
| Soodian | Langweiler |
| soodig | langweilig |
| Sou | Schwein |
| soue, söile | schmutzig machen, bes. mit unachtsam verschütteter Flüssigkeit |

| Schweizerdeutsch | Deutsch |
|---|---|
| sövel, söveli | so, so viel, so sehr |
| spanyfle | spähen, scharf hinschauen, aufpassen |
| spärbere | scharf hinschauen |
| spazifizottle | spazieren |
| spenne | dehnen, ausweiten |
| sperig | ungelenk, steif |
| sperze | strampeln, um sich frei zu machen |
| spienzle | vorzeigen, zur Schau tragen, neidisch machen |
| Spinnhuppele | Spinnwebe |
| Spital, Spittel | Krankenhaus |
| spöie | spucken |
| sporze | mit den Füssen strampeln, mühsam stossen |
| Sprysse | Splitter, Holzsplitter |
| Sprutz | Spritzer, Guss |
| Sprützchanne | Giesskanne |
| Spunte | 1. Spund, Holzzapfen am Fass, 2. Spelunke, Gaststätte mit schlechtem Ruf |
| staabe | etwas steif, aber rasch ausschreiten |
| Stabälle | Stuhl *(mit Sitz und Lehne aus Holz und vier verschraubten Beinen)* |
| stäckle | mit steifen Beinen eilig gehen |
| stägere | klettern |
| Stägeri | Kind, das auf alles klettert |
| staggle, stagle, stigle | stottern |
| Stämperete | Umständlichkeit, Ausflüchte, streitsüchtige Einwände |
| ständlige | stehend, im Stehen |
| Stei | 1. Stein, 2. Frankenstück |
| steisse | tüchtig marschieren |
| Steiss | strenger Marsch |
| Stierenoug | Spiegelei |
| stierlige | stur geradeaus |

| Schweizerdeutsch | Deutsch |
| --- | --- |
| styff | beträchtlich, ansehnlich, schmuck, schön |
| stifelsinnig | wahnsinnig vor Nervosität |
| stifte | eine Berufsausbildung machen |
| Stifti | Berufsausbildung |
| Stygg | toller Kerl, Bester, Held |
| stillständlige | beim Stillstehen |
| stober | verdutzt, verwirrt blickend |
| stoffle, stöffele | tappig gehen, vor allem von kleinen Kindern |
| Stöffeler, Stöffeli | Kleinkind, eben laufen gelernt |
| Stogel | festgetretener Schneeklumpen an den Schuhen |
| stögele | auf hohen Absätzen trippeln |
| Stögeli | hoher Schuhabsatz |
| stogle | stolpern, stolpernd gehen |
| Stogli | Stolperer, unbeholfener Mensch |
| Stöipete | Regenschauer, Schneegestöber |
| stöpple | per Anhalter reisen |
| Stöppler | Anhalter |
| Stör | 1. Arbeit, die im Haus des Arbeitgebers ausgeführt wird, 2. Hustenanfall |
| Store | Rollvorhang aus starkem Stoff; Rollladen, Markise, Jalousie |
| Storete | grosse Portion |
| Storze | Gemüsestrunk, Strunkstengel, (derb) Bein |
| storze | 1. hervorragen, 2. zu Fall bringen, 3. stapfen |
| Stöss, Stössli | Hosenbeine, Überärmel |
| stotzig | steil |
| stötzlige | senkrecht, kopfvoran |
| strääze | heftig regnen |
| Strähl | Kamm |
| Streifig | vorübergehende leichte Hirnlähmung |

| Schweizerdeutsch | Deutsch |
| --- | --- |
| striele | sich herumtreiben, streunen (vor allem Knaben) |
| struble | zausen, die Haare raufen |
| Strubel | zersaustes Haar, struppiger Schopf |
| strub | struppig, hässlich, arg, schlimm |
| strubuusse | stürmen *(Wind, Regen, Schnee)* |
| Strudli | flüchtig und unachtsam arbeitende Person |
| strudlig, strudle | unachtsam arbeiten, flüchtig, hastig hingeworfen |
| strupfe | rupfen, zupfen; schlecht melken |
| Strupf | gescheites bis durchtriebenes Mädchen od. Kind |
| Stubete | eine Stube voll, festliches Zusammensein am Abend |
| stucke | rechten, hin und her bereden, jemandem mühsam etwas beibringen |
| Stuckete | harte Diskussion, Hin- und Herreden |
| stuele | 1. bestuhlen, Stühle aufstellen, 2. Stuhlgang haben |
| stüffele | kleine Schritte, Gehversuche machen |
| Stumpe | 1. Stumpf, Endstück, 2. kleines Kind, 3. schweiz. Zigarre mit abgeschnittenen Enden |
| Stümper, Stümperli | kleines Kind, das eben gehen gelernt hat |
| stümperle | mit kleinen unsicheren Schritten gehen |
| stündele | einer religiösen Gemeinschaft oder Sekte angehören |
| Stündeler | Sektierer, Frömmler |
| stungge | pressen, stopfen, verstampfen |
| Stunggete | Gedränge, sich drängende Menge |
| Stünggel, Stünggeli | 1. Stössel, Stampfe, 2. Kleinkind, das die ersten Schritte macht |

| Schweizerdeutsch | Deutsch |
|---|---|
| **Stupf** | Stoss mit dem Fuss |
| **Stürchli** | Stolperer |
| **Sturm** | 1. Sturm, 2. Wirrkopf, verworrener Mensch, unklarer Idealist, 3. Brei aus rohen Beeren oder Kirschen mit Hafermehl, 4. gepolsterte Sturzkappe für Kleinkinder |
| **stürme** | 1. wirres, unglaubhaftes Zeug reden oder machen, 2. unablässig betteln, pausenlos widerreden |
| **Stürmi, Stürme** | Wirrkopf, unablässig redender oder bettelnder Mensch |
| **Stutz** | 1. Steilhang, steiler Weg, 2. Einfrankenstück |
| **stuune** | träumend vor sich hinblicken |
| **Süchel** | Grobian, Rohling, vierschrötiger Kerl |
| **Sudel** | Entwurf |
| **südere** | 1. tropfenweise sickern, z. B. eine Wunde, 2. mit Flüssigkeit unachtsam umgehen, 3. lecken |
| **südle** | Wasser vergiessen |
| **Südlete** | unachtsames Ausgiessen von Flüssigkeit |
| **Südere, Süderi** | unachtsam mit Flüssigkeit umgehende Person |
| **süferli, süferlig** | sachte, vorsichtig, behutsam |
| **sugge, süggele** | lutschen, bedächtig kosten |
| **sümmere** | das Vieh auf der Alp sömmern |
| **Sumpfi, Sumpfhuen** | jemand, der gern zu viel trinkt |
| **sumpfe** | zu viel trinken |
| **süngge** | ziehend oder reissend schmerzen |
| **Sünggete** | sumpfiger Boden |
| **sunne (sech)** | an die Sonne stellen, der Sonne aussetzen, sich wichtig vorkommen |
| **sünnele** | 1. strahlen, 2. an der Sonne liegen, um braun zu werden |

| Schweizerdeutsch | Deutsch |
|---|---|
| **Sunntig, Sunndig** | Sonntag |
| sunntige, sunndige | sich sonntäglich anziehen, Sonntagsstaat |
| **sürfle** | schlürfen |
| **Sürggel** | 1. Zapfen der Saugflasche, 2. Schnapsflasche |
| **sürggele, surgge** | langsam schlürfen, sein Pfeifchen schmauchen |
| **sürmle, sürme** | mit geschlossenem Mund wimmern oder murmeln, weinerliche, unverständliche Laute von sich geben |
| Sürmel | Langweiler, weinerlicher Trotzkopf, unfähiger Mensch |
| Surmummel | Griesgram |
| **süttig** | siedend |
| **suuffe** | saufen, trinken |
| Sufludi | wer gerne trinkt |
| **suume** | sich aufhalten, Zeit verlieren |
| **süüne** | 1. leises singen des heissen Wassers im geschlossenen Topf, 2. winseln |
| **süürele, süürelig** | sauer werden, säuerlich |
| Suuser | Federweisser, Sauser |

## T

| | |
|---|---|
| **Taape** | schmutziger Fingerabdruck |
| **taape** | ungeschickt die Füsse stellen |
| **Taascheli, Taasche** | unordentliche, nachlässige und dumme Frau oder Mädchen |
| **Täber** | Aufregung, ängstlicher Eifer |
| **Tablar** | Schrankbrett, Brett in Regalen |
| **Taburett, Taburettli** | Küchenstuhl ohne Lehne |
| **täfel** | gesund, wohl |
| **Täfeli** | Bonbon, Zuckerzeug |
| **Taflete** | ein Esstisch voller Leute |

| Schweizerdeutsch | Deutsch |
|---|---|
| tage | 1. Tag werden, dämmern, 2. heller, besser, deutlicher werden, 3. eine Tagung abhalten |
| Tägel | Tagblatt |
| Tällerete | einen Teller voll |
| Talpe | Tatze, Tierpfote |
| tälple | leise tappen, die Pfoten leise aufsetzen |
| Tanggel | Mehlteig, schlecht ausgebackener Teig; allzu dicke Mehlspeise, zähe Masse |
| tangglig, tanggelig, tanggig | teigig, pappig |
| tannig | aus Tannenholz |
| targge | mit den Fingern in weicher klebriger Masse herumfahren und überall Flecken hinterlassen, unsauber schreiben, schmieren |
| Tätsch | 1. Schall des Aufprallens auf einer Fläche, 2. Schlag mit der flachen Hand bes. aufs Gesäss |
| tätsche | knallen, beim Fallen aufschlagen |
| Tätschli | Kartoffelpuffer, Reiberdatschi (bayr.), allgem. flachgedrückte, in der Pfanne gebackene Speise |
| Tätschmeischter | Leiter einer Veranstaltung |
| Tatter, Tatteri | Angstzittern, Lampenfieber |
| tatterig | vor Aufregung zittrig |
| Tauner | Taglöhner |
| taune, taunere | tagelöhnern, um Taglohn arbeiten |
| teigg | teigig, überreif, (bildl.) zum Umfallen müde, besonders von Kindern |
| tifig | behände, flink, schnell, gewandt, anstellig |
| Tifigi | Behändigkeit |
| Tygg | unangenehm auffallende körperliche Gewohnheit, Zwangsbewegung |

| Schweizerdeutsch | Deutsch |
|---|---|
| Tirggel | Rausch |
| Tirggeli | fingerlanges, schwimmend gebackenes Gebäck, das vor allem im Advent und für Erntefeste gebacken wird |
| tyri-täri | papperlapapp, lirumlarum |
| Tischete | Tischgesellschaft |
| Tobel | bewaldete Schlucht |
| töbere | toben, wüten, schelten |
| Töff | Motorrad |
| töffle | schlagen, plagen |
| Toggel | 1. grob geformte Figur aus Holz, Stroh, Puppe, 2. Trottel, Dummkopf, Tropf, 3. Albdrücken, Albtraum, 4. aufgeputztes, niedliches Mädchen |
| töggele | 1. Text in Computer eingeben, 2. aufputzen, niedlich und übertrieben zurechtmachen |
| topp | heiss und schwül, gewitterschwül |
| topple, töppele, töpperle | anklopfen, pochen |
| tötele | nach Tod, nach Leiche riechen |
| Totsch | 1. einfältige, dumme, unbeholfene Person, 2. Kuchen aus altem Brot, Nüssen und Früchten |
| toub | 1. zornig, verstimmt, böse auf jemanden, 2. taub |
| Töubi, Töibi | Zorn, Verstimmung, Wut |
| Toucherli | Blässhuhn, Haubentaucher |
| töupele | zornig sein, grollen, schmollen |
| Töupeligring | Trotzkopf |
| trädele | drehen, drillen von Fasern |
| träf | treffend, schlagfertig |
| Trali, Traliwatsch | dummer, unbedachter, leichtsinniger Mensch |
| Tram; Trämeler | Strassenbahn; Tramführer |

| Schweizerdeutsch | Deutsch |
|---|---|
| Trämel | gefällter, meist geschälter und behauener Baumstamm |
| Tramp, Trapp | gleichförmiger Gang, *(langweilige)* Gewohnheit |
| Trampi, Trappi | schwerfälliger, gemütlicher *(älterer)* Mann |
| Transporthäägge | Beine *(derb)* |
| trappe | treten, die Füsse meist schwerfällig aufsetzen |
| träppele | langsam gehen, gemütlich kleine Schritte machen |
| Treib | gebahnter Weg, getretene oder gebahnte Spur im Schnee |
| Treichle | grosse Kuhglocke mit bauchigen Wänden |
| Trybete | Schar |
| trible | 1. antreiben, zur Arbeit treiben, streng erziehen, 2. dribbeln *(Fussball)* |
| tryschaagge | misshandeln, übel zurichten |
| trogle | mit schweren Schuhen gehen, einherpoltern |
| Trogle | schwere Schuhe |
| Trom | Endstück eines Fadens, Garns, Seils |
| tromsig | verkehrt, quer, schief |
| troole | 1. fallen, herunterkollern, 2. walzen |
| trööle | 1. wälzen, rollen, 2. zaudern, verschleppen, trödeln |
| trötzele | den Trotzkopf aufsetzen, trotzig antworten |
| trüeje | dick und stark werden, zunehmen |
| Trügg | Trick, Kniff |
| trümlig | schwindlig |
| trumpiere, sech | sich täuschen |
| Tschaagge | Schule *(derb)* |
| tschaagge | schlurfen, die ausgetretenen Schuhe nachschleifen |

| Schweizerdeutsch | Deutsch |
|---|---|
| Tschäber, Tschäbi | Hut, besonders alter, verbeulter, flach oder schief sitzender |
| tschädere | scheppern, klirren, Lärm machen |
| Tschädere | Klatschbase |
| tschägget | gefleckt, gescheckt, gesprenkelt |
| tschalpe | schwerfällig gehen, tolpatschig auftreten |
| Tschalpi | schwerfällig gehender, tolpatschiger Mensch |
| Tschäppel, Tschäppi | Mütze, Kappe |
| tschärbis | quer, schief, verkehrt |
| tschargge, tschiegge | latschen, schlurfen, die ausgetretenen Schuhe beim Gehen nachschleifen |
| tschegge | begreifen, kapieren |
| tschent | schön |
| tscheps | schief *(den Hut auf)* |
| Tschigg | 1. Schlag auf den Rücken beim Fangenspielen, 2. das Kind, das die andern fangen muss |
| tschiggle | Fangen spielen |
| tschirgge | die Schuhe beim Gehen zu wenig heben, die Absätze nachschleifen |
| Tscholi | schwerfälliger, aber gutmütiger Mann |
| Tschooppe | Veston, auch Männerstrickjacke, Joppe |
| Tschuder | Schauder *(vor Ekel, Kälte, Fieber, Angst)* |
| tschudere, tschüderle | schaudern |
| Tschudi | einfältiges, etwas unordentliches Mädchen |
| Tschugger, Tschuggerei | Polizist, Polizei |
| Tschumpel | einfältiger Tropf (bes. auch Schimpfwort) |

| Schweizerdeutsch | Deutsch |
|---|---|
| tschumple | 1. schwerfällig gehen; zu Fuss gehen, 2. jmdn. ungerecht und böse behandeln |
| tschupe | beim Haarschopf nehmen |
| Tschup | Haaarschopf |
| tubake, tubäkle | Pfeife oder Stumpen, Zigarre rauchen |
| tuble | schmollen, grollen, trotzen |
| Tubel, Dubel, Tubelgring | Idiot, Schwachkopf, Dummkopf, Trotzkopf |
| tübele | sich mit Tauben beschäftigen |
| Tübeler | Taubenspezialist |
| Tüele, Tuele | Delle, Mulde, Vertiefung *(im Boden, im Feld, in der Matratze)* |
| Tuller, Tüller | Baumwipfel, (bildl.) Kopf |
| Tümpfi | Delle, Beule |
| tünkle | eintauchen |
| Tupee | 1. Unverfrorenheit, 2. Perücke |
| Tüpfi | 1. Kochtopf, bes. gusseiserner oder emaillierter für Braten und Eintopfgerichte, 2. dumme, einfältige Person |
| Tüpflischysser | Pedant, «Korinthenkacker» |
| Tüppel | Starrkopf, unnachgiebiger und borniert Mensch |
| tüppelhürnig | dickköpfig, borniert und unnachgiebig |
| tüppig | schwül, heiss und feucht |
| Turbe | Torf |
| tütsche | anstossen, zusammenprallen |
| tütschele | mit Bauklötzchen spielen |
| Tütschi | kantiger Holzklotz, abgesägtes Stück eines Baumstammes, Bauklotz |
| Tutsuiter | Diarrhöe, Durchfall |
| tüütle | tuten, trompeten |

| Schweizerdeutsch | Deutsch |
|---|---|

## U

| | |
|---|---|
| Uchemp | riesiger Stein, Felsblock |
| überabe, überache | hinunter, ins untere Stockwerk |
| übere | hinüber |
| überha, sech | sich beherrschen, sich enthalten |
| überhocke | in der Gaststätte über die erlaubte Zeit hinaus sitzen bleiben |
| überhöische | überfordern, zu viel verlangen |
| überschla | umwerfen, umschlagen |
| überschnöre, überschnure | überreden |
| übersüünig | überspannt, hochmütig |
| überufe | ins obere Stockwerk hinauf |
| ufchlepfe | aufmuntern, aufwecken, munter machen |
| ufchnüble | aufklauben, einen Knoten lösen |
| ufe | hinauf, herauf |
| ufechräsme, ufegogere | hinaufklettern |
| ufelitze | hinaufkrempeln *(Ärmel)* |
| ufgumpe | aufspringen |
| ufha | aufheben, aufhalten, hindern |
| uflädere | aufflammen, in Flammen aufgehen |
| uflig | munter, gesund und gut gelaunt |
| uflüpfe | aufheben *(vom Boden)* |
| ufnä | aufnehmen |
| Ufölgigi | Unfolgsamkeit |
| ufölgig | ungehorsam |
| ufprotze | aufbegehren |
| ufreise | aufwiegeln, aufhetzen |
| ufschnuppe, ufschnuufe | aufatmen, (bildl.) erleichtert sein |
| ufstängle | allzu schnell wachsen |
| uftrome | auftrennen |
| uftue | öffnen |
| ugattlig | ungefüge, schwerfällig, grob, unfreundlich |
| Uhund | Unmensch, gefühlloser Mensch |
| Uhuuffe | Unmenge |
| ulydig | gereizt, schlecht gelaunt, missmutig |

| Schweizerdeutsch | Deutsch |
| --- | --- |
| ume | herum, zurück |
| umechniepe | sich müssig und schlecht gelaunt herumtreiben |
| umegheie | ein liederliches Leben führen |
| umegraagge | umherkriechen |
| umehöische | frech oder trotzig antworten |
| umehüschtere | umherhasten, planlos und hastig herumfahren |
| umeluege | sich umdrehen und nach hinten schauen |
| umemule | frech oder trotzig antworten |
| umepfure | herumsausen |
| umetrööle | herumwälzen |
| umgheie | umwerfen, umfallen |
| umorgele | umorganisieren, umstellen |
| umtroole | umfallen |
| unbsinnet | bedenkenlos, ohne zu überlegen |
| undere | hinunter, ab ins Bett! |
| underega | schlafen gehen |
| undereinisch | plötzlich, unerwarteterweise |
| underwäge la | unterlassen, verzichten |
| unerchant | unerhört, unglaublich |
| Ungfehl, Ungfell | Unglück, Pech, Unfall |
| unghöische | ungebeten, unaufgefordert |
| ungsinnet | plötzlich, unerwartet, überraschend |
| ungstrählt | ungekämmt |
| ungwanet | ungewohnt |
| Ürseli | Gerstenkorn im Auge |
| urüejig | unruhig |
| usbeinle | die Knochen vom Fleisch lösen |
| uschaflech, uschaflig | ungehobelt, frech, grob, roh |
| uschäse | miteinander ausmachen, gemeinsam auskochen |
| use | hinaus |
| usegä | 1. Wechselgeld herausgeben, 2. eine Arbeit auswärts machen lassen |

| Schweizerdeutsch | Deutsch |
| --- | --- |
| Usegäld | Wechselgeld |
| usehöische | trotzig, frech antworten, reklamieren |
| useluege | hinausschauen, herausschauen |
| usepfupfe | das Lachen nicht mehr unterdrücken können |
| usestüdele | verschieben, auf die lange Bank schieben |
| usglitsche, usschlipfe | ausgleiten |
| ushunze | verspotten |
| Uslöifer | Bote einer Firma, eines Ladens |
| usöd | wild, frech, roh, asozial, stark, heftig |
| usplampe | ausschwingen *(Glocke)* (bildl.) ohne Schwung zu Ende gehen |
| usschoube | ausmerzen, aussortieren |
| uswääje | mit den Armen weit ausgreifen, weit ausholen |
| Uswindi | Wäscheschleuder |

# V

| | |
| --- | --- |
| verbypääbele | verweichlichen, verhätscheln |
| verborze | zerwühlen, zerdrücken *(Gras, Bett)* |
| verböischtig | neidisch, missgünstig, trotzig |
| verbriegget | verweint |
| verbrosme, verbrösmele | zerkrümeln, zu Brosamen zerbrechen, zerfallen |
| verbrüele | in Verruf bringen, durch üble Nachrede verleumden, verklagen |
| verchaare | verschmieren |
| verchachle | verderben, es mit jmdm. verscherzen |
| verchafle | mit Schreiben, Stricken oder Kerben etwas verkritzeln, verderben, verpfuschen |
| verchätsche | zerkauen |
| vercheibe | verderben, zerstören |
| verchlepfe | 1. zum Platzen bringen, 2. sinnlos ausgeben |

| Schweizerdeutsch | Deutsch |
|---|---|
| **verchräble, verchrible** | zerkratzen, mit Bleistiftstrichen verschmieren |
| **verdüderle** | sinnlos sich die Zeit vertreiben |
| **verfa** | verfangen |
| **verflüemeret** | verflixt |
| **vergäbe** | vergeblich, vergebens, umsonst, gratis |
| **vergänggele** | Geld ausgeben für Unnötiges, Firlefanz |
| **vergyble** | aus der Haut fahren, fast vergehen (vor Ungeeduld, Neugier, Angst, Sorge, Freude) |
| **verha** | 1. zuhalten (Ohren, Augen), dicht schliessen, 2. (bildl.) wehren, nicht zulassen |
| **verhächle** | sich über jmdn. in liebloser Weise unterhalten, lästern |
| **verheie** | zerschlagen, kaputt machen |
| **verholze** | zu Kleinholz machen |
| **verhudlet** | zerlumpt, zerfetzt |
| **verhüenere** | in Unordnung bringen, verlegen |
| **verhürsche** | verwirren, in Unordnung bringen (Garn, Wolle, Haar), (bildl.) leicht verwirrt, verrückt |
| **verhütze** | verhökern, billig verschleudern |
| **veryschet** | mit einer Eisschicht überzogen |
| **verkytsche** | verkaufen, billig weggeben |
| **verlauere** | durch Nachlässigkeit versäumen, verpassen; nachlässig vertun, verspielen |
| **verlumpe** | Bankrott machen; alles verlieren |
| **Vermicelles** | Esskastanienpüree |
| **vermieschet** | moosüberwachsen, vermoost |
| **verminggmänggele** | durcheinandermischen, -bringen; verwischen, vertuschen, hintertreiben |
| **vernuusche** | verlegen, in Unordnung bringen |

| Schweizerdeutsch | Deutsch |
|---|---|
| vernüütige | als nichtig hinstellen, herabwürdigen, heruntermachen |
| verquante | verkaufen, billig weggeben |
| verräble | zugrunde gehen, krepieren, *(derb)* sterben |
| verrätsche | verpetzen, verklagen, angeben |
| verrumpfe | zerknittern |
| verruume | gut versorgen, aufräumen |
| verschmusle | leicht schmutzig machen, bes. an heiklen Stellen |
| verschnäpfe, sech | sich verplappern, ein Geheimnis versehentlich ausplaudern; sich versprechen |
| verseckle | reinlegen, zu Schaden bringen, überlisten |
| versöile | verderben, verschmieren |
| verstruble | die Haare zersausen |
| Versuecherli | Kostprobe |
| versure | nachlassen, abklingen *(Lärm, Schmerz, Zorn, Zank)* |
| vertöffle | verhauen, unterkriegen |
| vertörle | unterhalten, Zeit vertreiben |
| vertöibe | erzürnen |
| vertrome | auseinandernehmen, zerschlagen, in seine Bestandteile zerlegen |
| vertschalpe | grob und gründlich zertreten |
| vertschudlet | zerzaust, verwirrt, *(vom Wetter)* übel zugerichtet |
| vertüüfle | verderben, zerstören |
| verwärweise | durch allzu langes Überlegen verpassen |
| verwuusche | zerzausen, in die Haare fahren |
| verzaagge | verschleppen, verstreuen, verzetteln |
| verzapfe | erzählen |
| verzwaschple | vor Ungeduld von einem Bein aufs andere hüpfen, fast vergehen |

| Schweizerdeutsch | Deutsch |
|---|---|
| **verzworgget, verzworgglet** | verkrümmt, verwachsen (Baum, Mensch) |
| **Visite** | Besuch |
| **Vych** | lästiges oder gefährliches Tier, Ungeziefer |
| **Vogelheu** | uriges Gericht aus Brotwürfeln, Ei, Milch und Zwiebeln |
| **vögeliwohl** | wohl wie dem Vogel in der Luft |
| **voorig** | mehr als genug, übrig, überschüssig |
| **vorabe** | vorne hinunter |
| **Vorässe** | Ragout, Fleischstücke, lange gekocht |
| **voryne** | nach vorne gebeugt |
| **vorschwafle** | vorschwatzen, vorspiegeln |
| **vorspienzle** | vorspiegeln, Lust machen auf |
| **vorzueche, vorzue** | vorweg |

## W

| | |
|---|---|
| **Wäberchnächt** | langbeinige Spinne |
| **wäffele** | aufbegehren, keifen |
| **wägele** | 1. mit dem Auto befördern, 2. im Kinderwagen hin- und herstossen, ausfahren |
| **wäger, wägerli** | wahrlich, gewiss |
| **waggele, waggelig** | wackeln, wackelig |
| **Wagle** | Wiege |
| **währschaft** | solid, dauerhaft, tüchtig |
| **walpele** | schaukeln, Schaukelbewegung machen |
| **wältsch** | westschweizerisch, französisch |
| **Wäntele** | 1. Wanzen, 2. kleine flache Flasche zum Mitnehmen (Schnaps, Tee) |
| **wärche** | arbeiten |
| **Wäre** | Maulwurfgrille |
| **Wasche** | Ohrfeige |
| **Waschli, Waschle** | Schwätzer, Schwätzerin |

| Schweizerdeutsch | Deutsch |
| --- | --- |
| wauschte | 1. laut und wichtigtuerisch reden, 2. gierig essen |
| wedele | Reiswellen machen |
| Wedele | Reiswelle, Weidenbaum |
| weebere | wimmern, vor Schmerzen und Elend stöhnen |
| Weggli | weisses Milchbrötchen |
| weible | eifrig werben |
| Weidlig | langes Flussboot |
| weiele | winseln, wimmern |
| Wienerli | Wiener Würstchen |
| Wybeeri | Weinbeere, Rosine |
| wydle | eilig gehen, laufen |
| wouele | bellen, winseln, schimpfen |
| wüsche | kehren |
| Wüschete | Kehrichtschaufel voll |
| wuusche | zausen, an den Haaren ziehen, zerknüllen |
| Wuusch | unordentlicher Haufe |

## Z

| | |
| --- | --- |
| Zaabe, Znacht | Abendessen, Abendbrot |
| znacht | nachts |
| zaagge | trödeln, langsam machen, säumen |
| zäberle | trippeln, mit kleinen zappelnden Bewegungen gehen |
| zable | zappeln; ungeduldig warten |
| Zägg | Zecke |
| Zähni | Zehnrappenstück |
| Zähni, ds | toll, wunderbar |
| zämebaggle | grob zusammenfügen, grob flicken |
| zämehäbig | knauserig, (ein wenig) geizig |
| zämeramisiere | zusammenraffen, sammeln |
| Zangg | Gezänk, Streit |
| zangge | zanken, streiten |
| zäntume, zäntum | weitherum, ringsherum, überall |

| Schweizerdeutsch | Deutsch |
|---|---|
| zäpfle | spotten, hänseln; verspotten, auslachen |
| Zeis | Zins, Miet- oder Pachtzins |
| zgrächtem | richtig, ernsthaft, regelrecht, gehörig |
| zybe | gleiten, schlittern |
| Zybi | Schlittenbahn auf dem Eis oder vereister Strasse |
| ziggle | streiten, sticheln, sich *(nicht ernsthaft)* streiten |
| Zylete | Reihe |
| Zimis | Mittagessen, Zwischenverpflegung |
| Zyschtig | Dienstag |
| Zyt *(weibl. u. sächl.)* | Zeit, Uhr, Wanduhr |
| zytig | 1. reif, überreif, 2. frühmorgens, rechtzeitig |
| Zmittag | Mittagessen |
| Zmorge | Frühstück |
| zmörgele | frühstücken |
| Znüüni | Brotzeit, Neunuhrbrot |
| Zoggeli | Holzpantoffeln |
| Zottel, Zöttel | Troddel, Quaste |
| Zöttelichappe | Zipfelmütze |
| zottle, zöttele | bedächtig und schwerfällig gehen |
| Zougge, Zuegge | 1. Ausguss der Kanne, des Eimers u. ä., 2. (bildl.) grosse Nase, 3. Saugrohr für Kälber |
| zuechecho | herankommen, angestellt werden |
| zuechetue | anschaffen |
| zueha | zuwenden, zudenken, schenken |
| zuelose | zuhören |
| zuetue | schliessen |
| zügig | flott, zugkräftig, voll Zugluft |
| Zündhölzli, Zündholzbriefli | Streichhölzer, Streichholzetikette(n) |
| Züpfe | 1. Haarzopf, 2. Hefegebäck in Zopfform |

| Schweizerdeutsch | Deutsch |
| --- | --- |
| **Zürihegel** | Zürcher *(eher derb)* |
| **Züttel** | Tropf, gutmütiger Trottel |
| **Zvieri** | Vesper, Brotzeit, Jause |
| **zwäg** | 1. gesund, bei Gesundheit, 2. bereit, zurechtgemacht |
| **zwägbäschele** | zierlich zurechtmachen |
| **zwägbüschele** | mit Sorgfalt bereit machen |
| **zwägchlepfe** | aufmuntern, pflegen, in Ordnung bringen |
| **zwägstelle** | bereitstellen |
| **zwänge** | 1. seinen Willen mit Trotz durchsetzen, ertrotzen, 2. trotzig brüllen (von Trotzkindern) |
| **Zwänzgi** | Zwanzigrappenstück |
| **Zwaschpel** | quecksilbrige, unruhige Person |
| **zwicke** | einen kurzen, heftigen Schlag versetzen |
| **Zwirbel** | Kreisel, Glücksrad |
| **Zwöierli** | zwei Deziliter Wein |

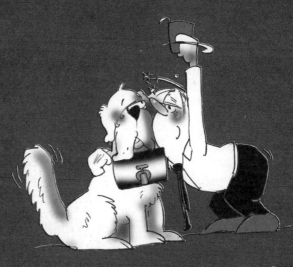

# Deutsch – Schweizerdeutsch
## A–Z

# Deutsch – Schweizerdeutsch A–Z

## A

| | |
|---|---|
| **Abend** | Aabe |
| **Abend, heute Nacht** | hinecht |
| **Abendessen** | Zaabe, Znacht |
| **Abenteuer** | Aabetüür |
| **Abfall** | Ghüder |
| **abgucken** | abluege |
| **abklingen** | versure *(Lärm, Schmerz, Zorn, Zank)* |
| **abkühlen** | erchuele |
| **abmühen, abrackern, sich** | chnorze |
| **abnehmen** | mindere, schwyne |
| **Abort** | Abee, Schyssi, Hüsli, Örtli |
| **abräumen** | abruume |
| **Abreibung** | Tryschaaggete |
| **abschmeicheln** | abläschele |
| **abschütteln** | abschüfele |
| **abseits, beiseite** | näbenab, näbenume |
| **abwärts** | nidsi, nidsig |
| **abwischen** | abputze |
| **ach was!** | aba |
| **ächzen** | gruchse, gruchze |
| **Ahnung** | Hochschyn |
| **Albdrücken, Albtraum** | Toggel |
| **anbrennen** | aabränte |
| **anfangen** | aafa |
| **Angewohnheit** | Mödeli |
| **Angst- oder Schmerzensschrei** | Päägg |
| **Angsthase** | Förchti, Höseler |
| **Angstzittern, Lampenfieber** | Tatter, Tatteri |
| **Anhalter** | Stöppler |
| **anheften** | aagüfele |
| **anheimeln** | heimele |

| Deutsch | Schweizerdeutsch |
|---|---|
| **anklopfen** | topple, töppele, töpperle |
| **ankommen** | aacho |
| **annagen** | aachätsche |
| **anrufen** | aalüte |
| **anschauen** | gschoue |
| **anschwellen** | gschwelle |
| **ansehnlich** | styff |
| **ansprechend** | gfröit |
| **anstecken** *(mit Stecknadel)* | aagüfele |
| **anstellig** | tifig |
| **anstossen** | tütsche |
| **anziehend** | gmögig |
| **Anzug** *(für Männer)* | Bchleidig, Kluft, Schale |
| **anzünden** | aafüüre |
| **Apfelsaft** | Moscht *(ugs. auch für Benzin)* |
| **Arbeit** | Büez |
| **Arbeit** *(im Haus des Arbeitgebers ausgeführt)* | Stör |
|   **arbeiten** | bügle, büeze, pickle, schaffe, wärche |
|   **Arbeiter** | Büezer |
| **arg** | strub |
| **ärgerlich** *(Mensch)* | chybig, fuchsig, fuxig, muff, toube |
|     *(Sache)* | blöd, dumm, ergerlech, fuchsig |
| **ärgern** | ergere, ertöube, hegle |
| **armselig** | myggerig |
| **Art** | Gattig |
| **Atem, Atemzug** | Pfuus, Schnuuf |
| **aufatmen** | ufschnuppe, ufschnuufe |
| **aufbegehren** | ufprotze, wäffele |
| **aufflammen** | uflädere |
| **aufgeweckt** | gmerkig |
| **aufhalten** | ufha |
| **aufhalten, sich** | suume |
| **aufheben** | lüpfe |
| **Aufhebens** | Gschyss, Gheie |
| **aufhetzen** | ufreise |
| **aufklauben** | ufchnüble |

| Deutsch | Schweizerdeutsch |
|---|---|
| aufmerken | lose |
| aufmuntern | ufchlepfe, zwägchlepfe |
| aufnehmen | ufnä |
| aufpassen | spanyfle |
| aufräumen | verruume |
| Aufregung | Täber |
| Aufschneider | Pralaagi |
| aufspringen | ufgumpe |
| Aufstossen | Gorps |
| auftrennen | uftrome |
| aufwärts | obsi |
| aufwecken | ufchlepfe |
| aufwiegeln | ufreise |
| August | Ougschte |
| ausbrüten, sich ausdenken | erhirne |
| ausfahren | wägele |
| Ausflüchte | Schnäggetänz, Stämperete |
| ausgleiten | etschlipfe, usglitsche, usschlipfe |
| Ausguss *(der Kanne, des Eimers u. ä.)* | Zougge, Zuegge |
| aushalten | erlyde, präschtiere |
| auslachen | uslache, zäpfle |
| auslosen | lösle |
| ausmerzen | usschoube |
| ausruhen, sich | löie |
| ausschwingen *(Glocke)* | usplampe |
| aussehen | drygseh |
| Aussehen | Gattig |
| aussortieren | usschoube |
| ausweiten | spenne |
| Auto | Auto, Chare, Chlapf, Bänne *(verächtlich)* |
| Autoreifen | Pneu, Finke |

| Deutsch | Schweizerdeutsch |
|---|---|

## B

| Deutsch | Schweizerdeutsch |
|---|---|
| Badeanstalt | Badi |
| baden | baaje |
| bald | angänds, gly |
| Baracke | Ghütt |
| Barsch | Egli |
| basteln | gäggele |
| bäuchlings | büüchlige |
| Bauer | Buur, Puur |
| baufällig | lottere, lotterig |
| baumeln, pendeln | plampe |
| Baumwipfel | Tuller, Tüller |
| bauschig | pluderig |
| bedächtig | rüejig |
| bedenkenlos | unbsinnet |
| Befehl | Kunzine, Ordere |
| befingern | fingerle |
| begegnen | ebcho |
| Begehrtheit | Schris |
| begierig | schützig |
| begiessen | bschütte |
| begreifen | drübercho, drus-cho, erlicke, nachecho |
| Begriff | Hochschyn |
| behände | gleitig, tifig |
| beherrschen, sich | überha, sech |
| behutsam | süferli, süferlig |
| beinahe | schier |
| Beine | Bei, Scheiche, Storze, Transporthäägge *(derb)* |
| Beinschinken *(gekocht)* | Hamme |
| bekräftigen | nachedopple |
| bellen | bälle, gäitsche, wouele |
| benennen | namse |
| bequem | gäbig, kumod |
| beraten | ratiburgere |
| bereit | zwäg |

| Deutsch | Schweizerdeutsch |
|---|---|
| bereitstellen | zwägstelle |
| Berg | Hoger, Horeb |
| Bergsturz | Rüfe |
| Bergtal *(enges)* | Chrache |
| Berner Lebkuchen | Bäremutz |
| Berufsausbildung | Stifti |
| beschwerlich | gnietig |
| beschwingt *(Tanzmusik)* | lüpfig |
| Besichtigung | Gschoui |
| besser | baas |
| bestätigen | nachedopple |
| bestuhlen | stuele |
| betasten | fingerle |
| beträchtlich, ansehnlich | ghörig, styff, zümftig |
| Betrug | Bschyss |
| betrügen, hintergehen | bschysse, ynelege |
| Bettdecke | Dachbett, Düvee |
| Betthupferl *(Süssigkeiten vor dem Zubettgehen)* | Bettmümpfeli |
| Beule | Tümpfi |
| bevormunden | bvogte |
| Biene | Beiji, Beieli |
| Blamage | Plämu |
| Blase | Blaatere |
| Blässhuhn | Toucherli |
| Bleistift | Blofi |
| Blödsinn | Chabis, Hawass, Seich |
| Blumenstrauss | Meie |
| Bonbon, Zuckerzeug | Täfeli |
| borniert, unnachgiebig | tüppelhürnig |
| Brandteig | Brüeteig |
| braten | brägle |
| Brathähnchen *(sehr junges)* | Mischtchratzerli |
| Brathähnchen, Broiler | Güggeli, Poulet |
| brauchbar | gäbig, chummlech |
| brausen, stark wehen | chute |
| bremsen, zurückhalten | hinderha |

| Deutsch | Schweizerdeutsch |
|---|---|
| **Brett** *(in Regalen)* | Tablar |
| **Briefmarkensammler** | Märggeler |
| **Briefträger** | Pöschteler |
| **Briefumschlag** | Guweer |
| **Brosamen** | Brosme, Brösmeli |
| **Brotanschnitt** | Aahou, Mürggel |
| **Brotrinde** | Rauft |
| **Bruder** | Brüetsch |
| **brühen** | brüeje |
| **brüllen** | möögge |
| **brummig** | chuzig, rabouzig |
| **Bruthenne** | Gluggere |
| **brutzeln** | brägle |
| **Buckel** | Buggel, Puggel |
| **Bügeleisen** | Glettyse |
|   **bügeln** | glette |
| **Bürste** *(zum Bohnern des gewichsten Bodens)* | Blocher |
| **Büschel** | Schübel, Schübeli |
| **Butter** | Anke |

| Deutsch | Schweizerdeutsch |
|---|---|
| **D** | |
| dabei | derby |
| Dachluke, Dachstübchen | Guggernälli |
| Dachrinne | Chänel |
| dadurch | derdüre |
| dagegen | dergäge |
| daherkommen | derhär cho |
| dahinsiechen | absärble, särble |
| dämmern | tage |
| danach | drüberabe |
| daneben | dernäbe |
| darauf hinauf | drufufe |
| daraufhin | drüberabe, drufabe |
| daraus heraus | drususe |
| darunter | drunder |
| dasitzen *(faul)* | pfluuschte |
| dauerhaft | währschaft |
| Dauerlutscher, Lolli | Schläcki, Schläckstängel |
| davonrennen | abtube, cheibe, dervo techle |
| dehnen | spenne |
| Delle | Tüele, Tuele, Tümpfi |
| deswegen | dessetwäge |
| Diarrhöe, Durchfall | Dünnschysser, Dürzug, Pfluderi, Schysser, Tutsuiter |
| Dienstag | Zyschtig |
| diesjährig | hüür, hüürig |
| doch | mohl, moou, mou |
| Dorfpolizist | Landjeger |
| drehen | drääje |
| Dreikäsehoch | Ghüderi |
| Drogenabhängiger | Drögeler |
| drohen | drööje |
| drüben | äne |
| drücken | chnuuschte |
| dulden, etwas | tole |
| Dummkopf | Löu, Möff, Toggel, Tubel, Guaagg, Lappi |

| Deutsch | Schweizerdeutsch |
|---|---|
| Durcheinander | Chrousimousi, Gnuusch |
| durcheinandermachen | minggmänggele |
| durchfallen | düregheie, düretroole |
| durchreiben | dürefiegge |
| durchwegs | dürhar |
| dürftig | myggerig |
| Dutt | Bürzi, Huppi |

# E

| Deutsch | Schweizerdeutsch |
|---|---|
| echt | ächt, urchig |
| eher | ender |
| eifersüchtig | schaluus |
| eigen | eiget |
| einarbeiten | yschaffe |
| einfangen | yfa |
| eingehen | yga |
| einkleben | ychleipe |
| einknöpfen | ytue |
| einlassen, sich | yla, sech |
| einmal | einisch |
| einnehmen | ynä |
| einschenken | yschänke |
| einschlagen | yschla, ytätsche |
| einschlummern | ynucke |
| einsperren | yloche, ytue |
| eintauchen | tünkle, ytünkle |
| einwenden | etgägeha |
| ein wenig | echly, echlei |
| einwickeln | ylyre |
| einwickeln, sich | ymummle, sech |
| Eisbein, Schweinshaxe | Gnagi |
| Eisen | Yse |
| eisern | ysig |
| Eistüte | Cornet |
| Eiterpustel | Bybeli, Eiss, Guger |
| emsig | gwirbig |

| Deutsch | Schweizerdeutsch |
|---|---|
| Endstück *(eines Fadens, Garns, Seils)* | Trom |
| Endivien | Brüsseler |
| entbehren | etmangle |
| entfallen | etga |
| entgegen | etgäge |
| enthalten, sich | überha, sech |
| entsprechend | dernaa |
| Enttäuschung, Blamage | Plämu |
| entwischen | etwütsche |
| Entwurf | Sudel |
| entzückend | schnusig |
| erarbeiten | erwärche |
| erbärmlich | schyssig |
| Erbitterung | Giechtigi |
| erblicken | achte, sech, erlicke, gseh |
| erbost | muff, toube |
| erbrechen | chotze, göögge |
| Erbrochenes | Gchotz, Gööggete |
| Erdbeeren | Äppeeri |
| Erde | Härd, Dräck |
| erfahrungsreich | gwaglet |
| erfreulich | gfröit |
| erfrieren | erfrüüre |
| erholen, sich | bchyme, sech |
| erlauschen | erluusse, erlüüssle |
| ermüdend | gnietig |
| ernsthaft | zgrächtem |
| ernten | ytue |
| Erntefest, Ernteschmaus | Sichlete |
| erreichen | bcho |
| erschrecken | erchlüpfe |
| erschüttern | nachenä, (bildl.), erhudle |
| erspähen | erglüüssle, erlüüsle, erluusse |
| ersticken | erworgge, erwörgge |
| erstreiten | erstryte |
| ertragen | erlyde, präschtiere |

| Deutsch | Schweizerdeutsch |
|---|---|
| ertrotzen | erzwänge, zwänge |
| erwischen | erwütsche |
| erwürgen | erworgge, erwörgge |
| erzählen | erzelle, verzapfe |
| erzürnen | ertöube, vertöube |
| Esskastanien | Marroni |
| Esskastanienpüree | Vermicelles |
| etwas | öppis |
| Exkrement | Gagel, Gägeli, Schyssdräck, Stink, Bolle |

## F

| | |
|---|---|
| fahren, reisen *(in der Welt herum)* | rössle, umerössle |
| fallen | gheie, troole |
| fangen | fa |
| Farbspritzer | Schlargg |
| fast | schier |
| faul | lamaaschig |
| Faulpelz | Flohner |
| Federlesen | Dybidäbi, Gheie, Schnäggetänz, Wäse, Züüg |
| fegen | fäge |
| fehlen | mangle |
| Feierabend | Fyraabe |
| feiern *(laut und ausgelasssen)* | hebuleete |
| Feigling | Höseler |
| feilschen | märte |
| fein | böumig, fyn |
| Feldsalat, Rapünzchen | Nüsslisalat |
| Felsblock | Chemp, Uchemp |
| Felswand *(jäh abstürzend)* | Flue |
| Ferkel werfen | färle |
| feshalten | bha |
| Fest | Fete |
| Flasche | Gutter, Guttere |

| Deutsch | Schweizerdeutsch |
| --- | --- |
| flattern | fäckle |
| Flecken | Mose |
| Flegel | Galööri, Galouderi |
| Fleischroulade | Fleischvogel |
| Fleischwurst | Cervelat |
| flicken | blätze |
| flink | gleitig, tifig |
| flott | zügig |
| flüchtig | strudlig |
| Flügel | Fäcke |
| Fluh | Flue |
| flüstern | chüschele |
| folgen | nachega |
| folgsam | gfölgig |
| foppen | föpple, helke |
| Fopperei | Helkerei |
| fotografieren | fötele |
| französisch | wältsch |
| Fratze | Gränne |
| frech | uschaflech, uschaflig, usöd |
| freilich | fryli, frylech |
| Freudentumult | Grageel |
| Freund | Gspane |
| frieren | früüre |
| Frikadelle | Hackblätzli |
| Frisör | Coiffeur, Haarschelm |
| Frisur | Fryse |
| Frühjahr | Hustage |
| frühmorgens | zytig |
| Frühreif | Biecht |
| Frühstück | Zmorge |
| frühstücken | zmörgele |
| füglich | sauft |
| Fünffrankenstück | Füflyber, Grampoolschybe, Schnägg |
| furchterregend | gförchtig, gfürchtig |
| Furka *(gabelförmiger Bergeinschnitt)* | Furgge |

| Deutsch | Schweizerdeutsch |
|---|---|
| Fussball spielen | schute |
| Fussballspieler | Schuter, Schüteler |
| Futterbarren | Chrüpfe |

## G

| Deutsch | Schweizerdeutsch |
|---|---|
| gähnen | gine |
| Gänsehaut | Hüenerhut |
| Gang *(gleichförmiger)* | Tramp, Trapp |
| ganz und gar | lybermänts |
| Gastwirt | Beizer |
| Gaumenzäpfchen | Halszäpfli |
| Gebärde | Scheste |
| Gebräu | Gchööz |
| Gebrechen | Bräschte |
| gebrechlich | schitter |
| Gebrüll | Bbrüel, Ggöiss, Gmöög, Gholei |
| Gedränge, Gedrücke | Funggete, Gmoscht, Gschtungg, Stunggete |
| Gefährte | Gspane |
| Gefängnis | Chefi, Chischte, Loch |
| gefleckt | tschägget |
| Gegenteil | Gunträri |
| gehen | ga |
| Gehetze | Gjufel, Juflete |
| Geheul | Pläär |
| Gehirn | Hirni |
| gehorchen | folge |
| gehörig | zgrächtem |
| geizen | gnäppere |
| Geizhals | Gytgnäpper |
| geizig | gytig |
| Gejammer | Gchäär |
| Gekreische | Ggöiss |
| Gekritzel | Gchafel |
| Geld | Chlotz, Chlüder, Chümi, Pulver, Stutz |

| Deutsch | Schweizerdeutsch |
|---|---|
| gelegen | kumod |
| Gelenkknoten | Chnode |
| gelingen | grate |
| gelüsten | guene |
| Gemüsestrunk | Storze |
| genau | juscht, juschtemänd |
| genügen | batte, tue |
| Geplärr | Ggränn |
| Gepolter | Rumplete |
| gerade | juscht, juschtemänd |
| gereizt, unwirsch | hässig, ulydig |
| Gereiztheit | Giechtigi |
| gerinnen *(Milch)* | scheide |
| Gesäss | Füdle |
| gescheckt | tschägget |
| Geschenk | Bhaltis, Gschänk |
| Geschmack | Chuscht |
| geschmeidig | glimpfig |
| Geschmier | Gchaar, Gchafel, Gchööz, Gschlargg |
| Geschnetzeltes | Gschnätzlets |
| Geschrei *(um etwas)* | Gschyss |
| Geschrei | Bbrüel, Gmöög, Ggöiss, Gholei |
| Geschwätz | Gschnör, Gwaschel, Gwauscht |
| Geschwister | Gschwüschterti |
| Gesicht | Gsicht, Gfräs |
| Gesichtszüge | Gsüün |
| gesprenkelt | tschägget |
| Gestalt | Gattig, Poschtur |
| gestern Abend | nächti |
| Gesudel | Gchööz |
| gesund | chäch, täfel, zwäg |
| Getue | Gschyss |
| Getümmel | Ruflete |
| gewandt | tifig |
| gewieft | gwaglet |
| gewiss | wäger, wägerli |
| gewitterschwül | topp, tüppig |

| Deutsch | Schweizerdeutsch |
|---|---|
| gewöhnlich | albe, füraa |
| gewürfelt | ghüslet |
| gewürzt | chüschtig, rääss |
| Gezänk | Chiflete, Zangg |
| giessen | schütte |
|   Giesskanne | Sprützchanne |
| glänzen | bloche |
| Glatze | Gledel |
| gleich | angänds |
| gleichgültig, egal | schnorz |
| gleichwohl | einewäg |
| gleiten | schifere, schiferle, zybe |
| Gliederreissen, Gliedersucht | Gsüchti |
| Glück | Gfeel, Gfell, Masel, Schwein |
|   Glücksrad | Zwirbel |
| Göre | Goof, Gööfli |
| Grashüpfer | Höigümper |
| gratis | vergäbe |
| grell | glaarig |
| Griesgram | Sürmel, Surmummel |
| Grimasse | Gränne |
| grob | ugattlig, uschaflech, uschaflig |
|   Grobian | Süchel |
| grollen | chybe, töipele, tuble |
| grossartig | böumig |
| Grossaufmarsch | Glöif |
| Grössenwahn | Geewee |
| Grossvater | Ätti |
| grübeln | gore |
| gründlich | ghörig, zümftig |
| Grünkohl | Chöhli |
| Gruppe | Gchuppele, Tschuppele |
| Gummiband | Elastigg |
| Gummibändchen | Gumeli |
| Gurken | Guggumere |
| gurren | rugge |
| Guss | Gulsch, Sprutz |

| Deutsch | Schweizerdeutsch |
|---|---|
| **H** | |
| **Haaarschopf** | Tschup |
| **Haarknoten** | Bürzi |
| **Haarzopf** | Züpfe |
| **habsüchtig** | gytig |
| **Hahn** | Güggel |
| **Halsschleim** | Choder |
| **handlich** | gäbig |
| **Handschuhe** | Händsche |
| **handvoll** | Hampfele, Schübel, Schübeli |
| **hängen bleiben** | bhange blybe |
| **hänseln** | helke, zäpfle |
| **harthölzern** | hagebuechig |
| **hässlich** | gruusig, strub |
| **hätscheln** | bypääpele |
| **Haufen** | Raglete, Schübel, Schübeli |
| **Hausglocke** | Lüti |
| **Hausschuhe** | Finke |
| **häuten** | schinte |
| **Hefegebäck** *(in Zopfform)* | Züpfe |
| **heftig** | rääss, usöd |
| **Heidelbeeren** | Heiti |
| **Heim** | Bhusig, Loschy |
| **Heimweh** | Längizyti |
| **heiser** | chyschterig |
| **Held** | Stygg |
| **hell** | heiter |
| **Helligkeit** | Heiteri |
| **Hemd** | Hemmli |
| **hemmungslos** | un(g)scheniert |
| **Henne** | Gluggere |
| **herabwürdigen** | vernüütige |
| **herankommen** | zuechecho |
| **herauf** | ufe |
| **herausgrübeln** | fürechnüble, füregrüble |
| **herausrücken** | fürerücke |
| **herausschauen** | useluege |

| Deutsch | Schweizerdeutsch |
|---|---|
| herauswürgen | füreworgge |
| herbeirufen, herbeiwinken | heepe |
| herein | yne |
| hereinfallen | ynegheie, ynetroole |
| hereinlegen | ynelyme |
| herhalten | darha |
| herum | desume, ume |
| herumfingern | nifle |
| herumliegen *(faul)* | plättere |
| herumrutschen | fiegge |
| herumsausen | umepfure |
| herumtollen | gouggle, göuggle |
| herumtreiben, sich | striele, umestriele |
| herumwälzen | umetrööle |
| herunterkollern | abetroole |
| heruntermachen | vernüütige |
| hervor | füre |
| hervorgucken | füregüggele |
| hervorholen | füremache |
| hervorklauben | fürechnüble, füregrüble |
| hervorkommen | fürecho |
| hervornehmen | fürenää |
| herzhaft | fräveli |
| herzig | schnusig |
| hetzen | hüschtere |
| Hetzerei | Ghetz |
| heucheln | derglyche tue |
| heuchlerisch | schlychig |
| heulen | päägge, plääre |
| Heulsuse, Heulpeter | Gränni, Gränne |
| Himbeeren | Himbeeri, Himpi |
| hinauf | obsi, ufe |
| hinaufklettern | ufechräsme, ufegogere |
| hinaufkrempeln *(Ärmel)* | ufelitze |
| hinaus | use |
| hinausschauen | useluege |
| hindern | ufha |

| Deutsch | Schweizerdeutsch |
|---|---|
| hindurch | derdüre |
| hinein | yne |
| hineinfallen | ynegheie |
| hineingehen | ynega |
| hineinlegen | verseckle |
| hineinspähen | yneglüüssle |
| hineinstopfen | fungge, yneschoppe, ynestungge |
| hineinwerfen | drypänggle |
| hinken | gnoppe, himpe |
| hinknien | änechnöie, änechnöile |
| hintergehen | bschysse, ynelege |
| Hintern | Füdle |
| hintertreiben | verminggmänggele |
| hinüber | übere |
| hinunter | überabe, undere |
| hinwerfen | härepänggle |
| hochmütig | herrschelig |
| Hodensack | Seckel |
| Holzpantoffel | Zoggeli |
| Holzsplitter | Sprysse |
| Holztäfelung | Täfer |
| Holzzapfen *(am Fass)* | Spunte |
| Homosexueller | Schwübbu |
| horchen | lose |
| Hörnchen | Gipfeli |
| Hosenbeine | Stöss, Stössli |
| Hosenmatz | Pfüderi |
| Hügel | Hoger, Horeb |
| hügelig | ghögerig |
| Hui | Schwick |
| Hund | Fydel, Hümpel |
| Hut *(bes. alter, verbeulter, flach oder schief sitzender)* | Tschäber, Tschäbi |
| hüten | goume |
| Hütte | Bruchbude, Ghütt |
| Hypochonder | Gruchsi |

| Deutsch | Schweizerdeutsch |
|---|---|
| **I** | |
| **Idiot** | Tubel, Dubel |
| **immer** | geng, gäng, ging |
| **imposant** | böumig |
| | |
| **J** | |
| **ja** | yu, ieu |
| **Jacke** *(vor allem gestrickte, taillenlange Männerjacke)* | Tschooppe |
| **Jahrmarkt** | Chilbi |
| **jammern** | chirme, chlööne |
| **Jauche** | Gülle |
| **jedenfalls** | allwäg, äuä, emel, ömel |
| **Jekami-Fussball-Turnier** | Grümpelturnier |
| **jemand** | öpper |
| **jenseits** | äne, änenache, däne |
| **jeweils** | albe |
| **Johannisbeeren** | Meertrübeli |
| **johlen** | holeie |
| **Jüngling** | Burscht, Purscht |
| | |
| **K** | |
| **Käfer** | Chäfer, Gueg |
| **Kakao** | Gaggo |
| **Kälte** | Chelti |
| **Karotte, Möhre** | Rüebli |
| **Kartoffel** | Härdöpfel |
|   **Kartoffelpüree** | Härdöpfelstock |
|   **Kartoffelpuffer** | Tätschli |
| **Käserand** | Rauft |
| **Kamm** | Strähl |
|   **kämmen** | strähle |
| **Kaninchen** | Chüngel |
| **kariert** | ghüslet |
| **Kartenspiel** | Jass |

| Deutsch | Schweizerdeutsch |
|---|---|
| **Karussell** | Rytschuel, Rösslispil |
| **Kater** | Moudi |
| **Katze, Kätzchen** | Büüssi, Büüsseli, Chatz |
| **kauen** | chätsche, chöie |
| **kauern** | grupe, huure |
| **kaufen** | chrame, kytsche, quante |
| **Kaugummi** | Chätschi |
| **Kaulquappen** | Rossnegel |
| **kaum** | chuum |
| **kehren** | wüsche |
| **Kehricht** | Ghüder |
| **keifen** | chädere, hässele, wäffele |
| **Keiferei** | Chiflete, Schleglete |
| **kein** | ekei, ekes |
| **Keks** | Güezi |
| **Kerbe** | Chrine |
| **Kern** | Chärne |
| **Kerngehäuse** | |
| *(der Kernfrüchte)* | Gigertschi, Gröibschi |
| **kernig** | urchig |
| **keuchen** | chyche, pyschte |
| **kichern** | gigele, gygele, pfupfe |
| **Kies** | Grien |
| **Kiltbursche** | Chilter |
| **Kind** | Goof, Gööfli |
| **kindisch** | chindelig |
| **Kinn** | Chini |
| **Kirche** | Chilche |
| **Kirschen** | Chirsi, Chirschi |
| **kläffen** | bäfzge, gäitsche |
| **Kläffer** | Bäfzger |
| **klagen** | chlööne |
| **klappern** | chlefele |
| **Klatschbase** | Tschädere |
| **klauen** | mugge |
| **Klecks** | Schlargg |
| **Kleider** | Aalegi |

| Deutsch | Schweizerdeutsch |
|---|---|
| **Kleie** | Chrüüsch |
| **klein** | chly |
| **Kleingeld** | Münz |
| **kleinlaut** | duuch |
| **klettern, klimmen** | chlädere, chräsme, gagere, gogere, stägere |
| **klirren** *(von zerschlagenem Geschirr)* | schärbele, schirbele |
| **klirren** | chlefele, tschädere |
| **Knabe** | Bueb, Fisel, Giel |
| **Knall** | Chlapf |
| **knallen** | chlepfe, tätsche |
| **Knallerbsen** | Chäpsli |
| **knarren** | rugge |
| **knauserig** | schmürzelig, zämehäbig |
| **knausern** | gnäppere |
| **kneten** | chnuuschte |
| **Knie** | Chnöi |
|  **kniend** | chnöilige |
| **Kniff** | Trügg |
| **Knirps** | Grööggel, Knüüs, Pinggis |
| **knirschen** | chroose, gyre |
| **knittern** | rumpfe, verrumpfe |
| **Knüppel** | Pänggel |
| **knurren** | ruure |
| **knuspern** | grümschele |
| **knusprig** | chrouschpelig |
| **kochen** | plodere |
| **Kochtopf** *(bes. gusseiserner oder emaillierter für Braten und Eintopfgerichte)* | Tüpfi |
| **Koffer** | Gofere |
| **Kohlrabi** | Rüebchöhli |
| **Konditorei** | Patisserie *(auch feines Gebäck)* |
| **Kondukteur** | Kundi |
| **Konfitüre, Marmelade** | Gonfi |
| **König** | Chüng, Chünig |

| Deutsch | Schweizerdeutsch |
|---|---|
| **Kopf** | Chabis, Chybis, Gring, Hübel, Poli |
| **Kopfsteinpflaster** | Bsetzi |
| **Kopfsprung** | Chöpfler |
| **Kopf voran, senkrecht** | stötzlige |
| **Korinthenkacker** | Tüpflischysser |
| **Körperbau** | Poschtur |
| **Körperschaden** | Näggi |
| **kosen** | schmuuse, schmüüsele |
| **Kostprobe** | Versuecherli |
| **krachen** | chrisaschte, chroose |
| **Krähe** | Chrääje, Gaagger, Guaagg |
| **kränkeln** | mudere, muderig |
| **Krankenhaus** | Spital, Spittel |
| **Krankheit** | Bräschte |
| **krabbeln, kriechen** | chräsme, graagge, schnaagge |
| **kratzen** | chräble |
| **Kraushaar** | Rubelihaar |
| **Kreis** | Rundumel |
| **kreischen** | gyre, gyxe |
| **Kreisel** | Zwirbel |
| **krepieren** | verräble |
| **kribbelig** | gramslig, zablig |
| **kriechen** | chräsme, graagge, schnaagge |
| **Krimskrams** | Chrousimousi |
| **Krippe** | Chrüpfe |
| **Krise** | Gnepfi |
| **kritzeln** | chrible |
| **Krümchen** | Brosme |
| **Küchenschrank** | Chuchichäschtli |
| **Küchenstuhl** *(ohne Lehne)* | Taburett, Taburettli |
| **Kugelschreiber** | Chugeler |
| **Kuhfladen** | Chueplütter |
| **Kücken** | Byby, Hüentschi |
| **Kulturbeutel** | Necessaire |
| **kündigen** | chünte |
| **Kuss** | Müntschi |

| Deutsch | Schweizerdeutsch |
|---|---|
| **L** | |
| lachen | chropfe, gigele, gugele, lache |
| Lakritze | Bäredräck |
| Lärm | Grampool, Rumplete |
| lärmen | syrache |
| Lämmchen | Pääggel |
| Ländler | Hudigääggeler |
| Lätzchen *(für Säuglinge)* | Rabättli, Söiferlätzli |
| Lagerstätte, Schlafstelle | Gliger |
| langen | recke, länge |
| Langezeit | Längizyti |
| Langweiler | Soodian, Sürmel |
| langweilig | soodig |
| Lappen | Hudel, Hudle |
| latschen | schlarpe, tschargge, tschiegge |
| lauern | glüüssle |
| laufen | loufe, scheichle, schuene, wydle |
| Laugenbrötchen | Silserli |
| launisch | lüünig |
| lecken | lappe, läppele |
| lecker | chüschtig |
| leeren | schütte |
| Lehm | Lätt |
| Leibchen | Lybli, Underlybli |
| leicht | ring |
| Leitersprosse | Seigel |
| liebkosen | chräbele, flattiere, schätzele |
| Liebkosung | Ääli |
| Liebling | Härzchäfer |
| liegend | liglige |
| lirumlarum | tyri-täri |
| Locken | Chrusle |
| locken | lööke, zööke |
| locker, lose | lodelig, lugg, waggelig |
| loslassen | abla |
| Löwenzahn | Söiblueme |
| Löwenmäulchen | Löiemüüli |

| Deutsch | Schweizerdeutsch |
|---|---|
| Luft | Pfuus |
| Luftsprung | Gump |
| Lumpen | Hudel, Hudle, Lumpe |
| Lumpensammler | Hudilumper |
| lustig sein | holeie |
| lutschen | sugge, süggele |

## M

| Deutsch | Schweizerdeutsch |
|---|---|
| Mädchen | Meitschi, Meitli, Modi, (bildl.) Schabe |
| Maiglöckchen | Meierysli |
| manche, mancher, manches | mänge, mägi, mängs |
| manchmal | mängisch |
| Mangold | Chrutstile |
| Mann *(derb)* | Hach, Hächu, Hychu |
| Männerrock | Schale |
| Marienkäfer | Himelgüegeli |
| Marinade | Beizi |
| Markt | Märit |
| markten | märte |
| Marmel | Märmel (Murmel) |
| Masche *(beim Stricken)* | Lätsch |
| Maul *(derb)* | Schnure, Schnöre, Gosche |
| Maulwurfsgrille | Wäre |
| meinetwegen | henusode, mira |
| meistens | füraa |
| Menge | Raglete |
| merkwürdig | gspässig, kurlig, kuurlig |
| Messer | Hegel |
| Miet- oder Pachtzins | Zeis |
| Milchbrötchen | Weggli |
| Milchtragegefäss | Milchmälchterli |
| mild | hilb |
| missgünstig | verböuschtig |
| misshandeln | tryschaagge |
| Misshandlung | Tryschaaggete |

| Deutsch | Schweizerdeutsch |
|---|---|
| misslingen | abverheie |
| Missmut | Ulydigi |
| mitfeiern, mitmachen, mittrinken | mitha |
| Mittagessen | Zmittag |
| Mittwoch | Midwuch, Midwuche |
| modrig | nüechtele |
| Mai | Meie |
| Moneten | Chlüder |
| Montag | Määndig, Mäntig |
| Moos | Miesch |
| moosüberwachsen | vermieschet |
| Moped | Sackgäldverdunschter |
| morgen | morn, zmorndrischt |
| Motorrad | Töff |
| Motte | Schabe |
| Mücke | Mugge |
| Mühe | Müei |
| mühelos | ring |
| Mulde | Tüele, Tuele |
| Mumps | Ohremüggeli |
| Mund | Muul |
| Mundharmonika | Schnöregyge |
| munter | uflig |
| murmeln | brümele |
| Murmeltier | Mungg, Munggeli, Murmeli |
| mürrisch | rumpelsurig |
| Mut | Gurasch, Muet |
| mutig, herzhaft | muetig |
| Muttersau | Färlimoore |
| Mütze | Chappe, Tschäppel, Tschäppi |

| Deutsch | Schweizerdeutsch |
|---|---|
| **N** | |
| nachahmen | abluege |
| nachdenken | bsinne |
| nachkommen | nachecho |
| nachlässig | hootschig |
| Nachlässigkeit | Glauer |
| nachschlurfen | nachetschalpe |
| nachsehen | luege, nacheluege |
| Nachteule | Huuri |
| nachts | znacht |
| Nachttopf | Schysshafe |
| Nacken | Äcke |
| Nackenstarre | Äckegstabi |
| nagen | gnage |
| Narr | Bajass, Ganggel, Gäuggel |
| naschen, schmökern | schnouse |
| Naschwerk | Gänggelizüüg |
| Naseweis | Gäx, Gäxnase |
| necken | föpple, helke |
| nehmen | nä, näh |
| neidisch | schaluus, verböuschtig |
| nein | nei, nobis |
| Neugierde | Gwunder |
| nichts | nüüt, nüt |
| Nichtsnutz | Laueri, Träll |
| Nichtstuer | Flohner |
| Nickerchen | Nuck |
| nie | keinisch |
| niedergeschlagen | duuch |
| niederlassen, sich | sädle, sech |
| niesen | erniesse |
| nirgends | niene |
| Nordostwind | Byse |
| Nu | Schwick |
| nützen | batte |

| Deutsch | Schweizerdeutsch |
|---|---|
| **O** | |
| oberhalb | obezueche |
| Obstbaumblüte | Bluescht |
| Obstgarten | Hoschtet |
| offen *(Person)* | gradane |
| öffnen | uftue |
| Ohrfeige | Chlapf, Wasche |
| ohrfeigen | chläpfe |
| ordentlich | gattlech, gattlig, styff |
| **P** | |
| Pack | Gschmöis |
| papperlapapp | tyri-täri |
| pappig | tangglig, tanggelig, tanggig |
| Pappkarton | Gartong, Schachtle |
| Paprika | Peperoni |
| Partner | Gspane |
| Pausbacke | Pfusibacke |
| Pech | Ungfell, Päch |
| Pedant | Böhneler, Tüpflischysser |
| Peitsche | Geisle |
| Pellkartoffeln | Gschwellti |
| Peperoni | Peperoncini |
| Perücke | Tupee |
| Petersilie | Peterlig |
| pfaden | treibe |
| pfeifen *(Wind)* | chute |
| Pferdeliebhaber | Rösseler |
| Pfifferling | Eierschwumm |
| pfiffig | gfitzt |
| pfuschen | pfudere |
| Pfütze | Glungge |
| Pilzsammler, Pilzsucher | Schwümmler |
| plagen | töffle, ufhocke |
| Plappermaul | Schwabli, Schwable |
| plaudern | dampe, tampe, dorfe |

| Deutsch | Schweizerdeutsch |
|---|---|
| plötzlich | undereinisch, ugsinnet |
| pochen | pöpperle, topple, töppele, töpperle |
| Polizei | Schmier, Schroter, Tschugger |
| poltern | räble |
| Possentreiber | Fatzikus |
| Postauto | Poschi |
| Postbeamter | Pöschteler |
| Popanz | Bölimaa, Böög |
| prahlen | blagiere |
| Prahlhans | Blagööri, Pralaaggi |
| pressen | chnütsche, stungge |
| Pritsche, Bettgestell | Schrage |
| Pulswärmer | Mytli |
| Puppe | Bääbi |
| Puste | Pfuus |
| pusten | pyschte |

## Q

| Deutsch | Schweizerdeutsch |
|---|---|
| Quaste | Zottel, Zöttel |
| Quengelei | Gchäär, Gchniep |
| quengeln | chääre, chlööne, müede |
| quer | tromsig, tschärbis |
| quietschen | gyre, rugge, gyxe |
| Quitten | Chüttene |

## R

| Deutsch | Schweizerdeutsch |
|---|---|
| Ragout | Vorässe |
| rasch | gleitig, hurtig |
| rascheln | chräschle |
| rasseln *(Metallgeräusch)* | chessle |
| rattern | räble |
| Rauchfleisch | Gröikts |
| Rauferei | Ruflete |
| Raubein | Ruech |
| raunen | chüschele |

| Deutsch | Schweizerdeutsch |
|---|---|
| Rausch | Ploder, Tirggel |
| rauschen | chräschle |
| rechten | stucke |
| Rechthaber | Bhoupti, Steckgring |
| rechtzeitig | bizyte, zytig |
| reden | dorfe, rede, schnure |
| regelrecht, richtig | z grächtem |
| Regenschauer | Stöipete, Strubuussete |
| reichen | batte, länge, recke |
| reif | zytig |
| Reihe | Zylete |
| reisen, fahren *(in der Welt herum)* | rössle, umerössle |
| Reiswelle | Wedele |
| reklamieren | usehöische |
| rennen *(derb)* | seckle |
| restlos | rübis u stübis |
| Rheuma | Gsüchti |
| ringsherum | zäntume, zäntum |
| Ringkampf | Hoselupf, Schwinget |
| Rinne | Chrine |
| rinnen | rünele |
| röcheln | chirble |
| roh | uschaflech, uschaflig, usöd |
| Rohling | Süchel |
| Rolladen | Store |
| rollen | trööle |
| Rosskastanien | Chegele, Cheschtele |
| Rote Bete | Rande |
| Rotkraut | Blauchabis |
| Rotz | Böögg, Nasegrübel, Schnuder, Schnüderlig |
| Rückentragekorb | Hutte |
| rücklings | rügglige, rügglige |
| Rückstand, im | Hinderlig, im |
| rückwärts | hindertsi |
| ruhig | rüejig |

| Deutsch | Schweizerdeutsch |
|---|---|
| rührig | gwirbig |
| rülpsen | gorpse |
| rumoren | rungguusse |
| Runkelrübe | Runggle |
| rüstig | chäch |
| Rute | Fitze |

## S

| Deutsch | Schweizerdeutsch |
|---|---|
| Sachen | Ruschtig, Sache, Züüg |
| sachte | hübscheli, süferli, süferlig |
| Sahne | Nidle |
| Sahnebaiser | Merängge (Meringues) |
| Salzgurke *(klein)* | Cornichon |
| salzig, scharf | rääss |
| sammeln | zämeläse, zämeramisiere |
| Samstag | Samschtig |
| Sandwich, Stulle | Yigchlemmts |
| sättigend | fuerig |
| säuerlich | süürele, süürelig |
| saufen | güügele, suuffe |
| Säuglingsflasche | Schoppe |
| säumen | lauere, zaagge |
| Saumseligkeit | Glauer |
| Sauser, Federweisser | Suuser |
| schäbig | myggerig |
| Schaffner | Kundi |
| schälen | schinte |
| Schar | Trybete, Tschuppele |
| Schatz | Härzchäfer |
| Schaschlik | Zigünerspiess |
| Schauder *(vor Ekel, Kälte, Fieber, Angst)* | Tschuder |
| schauen | luege, nysche |
| Schaufel | Schüfeli, Schüüfeli |
| Schaukel, Schaukelpferd | Gygampfi, Gygampfiross |
| schaukeln | walpele, gygampfe |

| Deutsch | Schweizerdeutsch |
|---|---|
| Schelte | Balgis |
| schelten | töbere |
| schenken | schänke, zueha |
| scheppern | tschädere |
| scheu | schüüch |
| scheuen | schüüche |
| schief *(den Hut auf)* | tscheps |
| schief | tromsig, tschärbis |
| Schiffsanlegestelle | Ländti |
| schimmeln | gräuele |
| schimpfen | bouele, bugere, cheibe, futtere |
| Schimpfname, Schimpfwort | Schlämperlig, Schlötterlig |
| Schirmmütze | Dächlichappe |
| schlagfertig | träf |
| schlafen | pfuuse, schlafe |
| schlaftrunken | schlafsturm |
| Schlag | Brätsch |
| schlagen | töffle |
| Schlägerei | Runggussete |
| schlampig | hootschig |
| schlau | gfitzt, schlau |
| schleichen | dyche, düüssele, schlyche |
| schleppen | fuge, schleike, schleipfe |
| schliessen | zuetue |
| schlimm | bös, haarig, schitter, schyssig, strub |
| Schlinge | Lätsch |
| Schlingel | Schnuderi |
| Schlitten | Gybe |
| schlittern | usglitsche, zybe |
| Schlittschuhe | Schlööf |
| Schlittschuh laufen | schlööferle |
| Schluckauf | Gluggsi, Gluxi |
| schlummern | nucke |
| schlürfen | lappe, läppele, sürfle |
| schlurfen | tschaargge, tschiegge |
| schmatzen | chätsche, mampfe, schmatze |
| schmeicheln | chüderle, däsele, flattiere |

| Deutsch | Schweizerdeutsch |
|---|---|
| schmieren | schlargge, targge |
| schmollen | töipele, tuble |
| Schmollmund | Mouggere |
| schmuddlig | schmuslig |
| Schmutz | Dräck |
| Schnapsflasche | Sürggel |
| Schnauze | Schnure |
| Schneeball, Schneeballschlacht | Schneebere |
| Schneebesen | Schwingbäse |
| Schneegestöber | Stöipete, Strubuussete |
| Schneematsch | Pflotsch, Pfludi |
| Schneepflug | Schnuze, Schnuzi |
| schneiden | houe, schnyde, schnäfle, schnäppere, schnifle |
| schnell | gleitig, hantli, hurti, tifig |
| Schnippel, Schnitzel | Schnäfel |
| Schnitzel *(Fleisch)* | Blätzli |
| Schnuller | Nuggi |
| Schnupfen | Pfnüsel, Rüüme, Schnuderi |
| Schnurrbart | Schnouz |
| Schokolade | Schoggela, Schoggi |
| schon | afe, efang |
| schön | styff, tschent |
| Schornstein, Kamin | Chemi |
| Schotter | Grien |
| Schrank | Schaft |
| Schrankbrett | Tablar |
| Schraubenmutter | Muetere |
| schreien | göisse, päägge |
| Schubs | Mupf, Schupf |
| schubsen | müpfe, schüpfe |
| schüchtern | schüüch |
| Schüchternheit | Schüüchi |
| schuften | büeze, chrampfe, pickle, schynagle |
| Schuhmacher | Schueni |
| Schulaufgaben | Gääbsche |

| Deutsch | Schweizerdeutsch |
|---|---|
| Schule *(derb)* | Tschaagge |
| Schuppen *(Gebäude)* | Schopf |
| schütteln | erhudle, hottere, hudle |
| Schutzdach | Schärme |
| schwach | lützel, schitter |
| Schwachkopf | Tubel, Dubel |
| Schwachsinniger | Gööl |
| schwanken | plampe |
| Schwatz | Dorfete |
| schwatzen | lafere, chlappere, dampe, dorfe, tampe, waschle |
| Schwätzer | Brichti, Schwabli, Waschli |
| Schwatzlärm | Gwaschel, Gwauscht |
| Schwatzmaul | Lafere |
| Schwein | Gusi, Sou, Söili, Moore |
| Schweinefett | Söischutz, Schwyfeissi |
| Schweinerei | Moorerei, Souerei |
| Schweinsschulterblatt | Schüüfeli |
| Schweins- oder Schafsschulterstück | Laffli |
| schwerfällig | ugattlig |
| schwer verdaulich | fuerig |
| schwinden | schwyne |
| schwindlig, schwach *(bes. nach Krankheit)* | schwabelig, trümlig |
| schwül | tüppig |
| sehnen, sich | blange |
| sehnig | gäderig |
| sehr | cheibisch, schuderhaft, unerchant |
| Seide | Syde |
| seitwärts | sytlige, sytligse |
| Sektierer, Frömmler | Stündeler |
| seltsam | kurlig, kuurlig, gspässig |
| Semmel | Mütschli |
| senil | gaga |
| senkrecht | stötzlige, im Sänkel |
| Sicherheitsnadel | Hootschgufe, Sicherheitsgufe |

| Deutsch | Schweizerdeutsch |
|---|---|
| Sichthülle | Plastigmäppli |
| siedend | süttig |
| sirren | schränze |
| sitzen | hocke, sitze |
| sitzend | höcklige, sitzlige |
| so | däwäg, eso, so |
| Sofa | Ruebett |
| solche | derig, serig, söttig |
| solid | währschaft |
| Sommersprossen | Loubflächen |
| sonderbar | arig, eiget, gspässig, komisch, kuurlig |
| sonnenbaden | sünnele |
| Sonntag | Sunntig, Sunndig |
| Sonntagsstaat | Sonntagsbekleidung |
| sorgenfrei | rüejig, ungsorget |
| spähen | güggele, glüüssle, spanyfle |
| sparsam | huslech, huslig, zämehäbig |
| Sparsamkeit | Husligi |
| Spassmacher | Bajass, Fatzikus |
| spazieren | spaziere, spazifizottle, es Chehrli mache |
| Speichel | Göifer, Söifer, Spöiz |
| Spelunke | Spunte |
| Spiegelei | Stierenoug |
| Spiesser | Füdlibürger |
| Spinnwebe | Spinnhuppele |
| Splitter | Sprysse |
| splitternackt | füdliblutt |
| spotten | fötzle, schnööde, zäpfle |
| springen | gumpe, satze, springe |
| Sprung | Gump, Satz |
| Spritzer | Sprutz, Sprützlig |
| Spucke | Choder, Chöderlig, Göifer, Söifer, Spöiz |
| spucken | chodere, spöie |
| spuken | geischte, gspängschte |

| Deutsch | Schweizerdeutsch |
|---|---|
| Spund *(Holzzapfen am Fass)* | Spunte |
| St. Nikolaus | Nigginäggi, Samichlous |
| Stachelbeeren | Chroosle |
| stammeln | gaxe, stagle, stigle |
| stapelweise | bygewis |
| Starrkopf | Setzchopf, Stieregring, Tüppel, Zwänggring |
| Staubbesen | Fluumer |
| staunen | guene, öugere, stuune |
| stechen | gyxe, stäche |
| steckköpfig | tüppelhürnig |
| Stecknadel | Gufe |
| stehend | ständlige |
| stehlen | abstoube, chlaue, mugge, stäle |
| steif | gsperig, gstabelig, sperig |
| steil | gääi, stotzig |
| Steilhang | Stutz |
| Stein | Chemp, Stei, Uchemp |
| sticheln | fötzle, zäpfle, ziggle |
| Stier | Muni |
| stinken | megge, meie |
| stochern | gore, gusle, nüdere, nüele |
| Stofffetzen | Hudel, Hudle, Lumpe |
| stöhnen | bärze, gruchse, gruchze, pyschte |
| Stolperer | Stogli, Stürchli |
| stolpern | stogle, stürchle |
| stopfen *(hinein)* | fungge, schoppe, stungge |
| Stoss | Gingg, Mupf, Schupf, Schut, Stupf |
| Stössel | Stünggel, Stünggeli |
| stottern | staggle, stagle, stigle |
| strampeln *(um sich frei zu machen)* | sperze |
| strapazieren | nachenä |
| Strassenbahn | Tram |
| Strassenkot | Dräck, Pfludi |
| straucheln | gnepfe |
| Streichhölzer | Zündhölzli |

| Deutsch | Schweizerdeutsch |
|---|---|
| Streichholzetikette(n) | Zündholzbriefli |
| Streit | Chiflete, Chritz, Gchäär, Rungguussete, Zangg |
| streiten | chifle, händle, zangge, ziggle |
| stricken | lisme |
| Strickarbeit | Lismete |
| Strolchentat | Lumperei |
| struppig | strub |
| Stück | Bitz, Mocke, Stück |
| Stuhl *(Sitz und Lehne aus Holz und vier verschraubte Beine)* | Staballe |
| stürmen *(Wind, Regen, Schnee)* | strubuusse |
| Stute | Märe |
| Sudelei | Chöözete, Gchaar |
| Südwind | Föhn |
| Suppeneinlage | Flädli |
| sympathisch | gmögig |

## T

| Deutsch | Schweizerdeutsch |
|---|---|
| Tadel | Balgis, Schimpfis |
| täuschen, sich | trumpiere, sech |
| Tagblatt | Tägel |
| tagelöhnern | taune, taunere |
| Taglöhner | Tauner |
| Tannästchen, Tannenreisig | Chris |
| Tanz | Schwoof |
| Taschengeld | Sackgäld |
| Taschenmesser | Sackhegel |
| Taschentuch | Fazenetti, Naselumpe, Nastuech, Schnuderlumpe |
| taub | toub |
| Taubenspezialist | Tübeler |
| teigig | tangglig, tanggig, teigg |
| Tierpfote | Talpe |

| Deutsch | Schweizerdeutsch |
|---|---|
| **Tischgesellschaft** | Tischete |
| **toben** | syrache, töbere |
| **toll** | ds Zähni |
| **Topf** | Hafe |
| **Torf** | Turbe |
| **Torhüter** | Gooli |
| **traben** | schuene |
| **tragen** *(Kleidungsstück)* | anneha |
| **tragen** | fuge, schleicke, schleipfe, trage |
| **Tramführer** | Trämeler |
| **Tratschweib** | Gäitsche |
| **Träumer** | Stuuni |
| **treffend** | träf |
| **Treffgeschick** | Breichi, Preichi |
| **treten** | trappe |
| **Trick** | Trügg |
| **Triefnase** | Gschnuder, Schnuder, Schnüderlig |
| **trinken** | budle, mämmele, schöppele, sumpfe, suuffe, trinke |
| **trippeln** | beinele, däsele, pfösele, zäberle, zyberle |
| **Troddel** | Zottel, Zöttel |
| **Trödelei** | Gchniep, Glauer, Zaagg |
| **trödeln** *(Zeit verlieren)* | chniepe, gäggele, lauere, plööterle, zaagge |
| **trödeln** *(verkaufen)* | hütze, verhütze |
| **trommeln** | chüble, trummle |
| **trompeten** | trumpete, tüütle |
| **Tropf** *(einfältiger)* | Tölpel, Toggel, Züttel |
| **Trottel** | Glünggi, Lööli, Löu, Möff, Schlufi, Toggel |
| **trotzdem** | einewäg, glych |
| **trotzen** | bocke, bugere, boghälsle, choldere, töipele, tuble |
| **trotzig antworten** | pöchele, umemule, usehöische |
| **Trotzkopf** | Töipeligring, Tubelgring, Zwängring |

| Deutsch | Schweizerdeutsch |
|---|---|
| Trumpf-Neun-Karte im Jassspiel | Näll |
| Trüppchen | Gchuppele, Tschuppele |
| Tümpel | Glungge |
| tuten | tüütle |

## Ü

| Deutsch | Schweizerdeutsch |
|---|---|
| übel | gschmuech, übel |
| übel launig | hässig, ulydig, massleidig |
| überall | zäntume, zäntum |
| übereinkommen | rätig wärde |
| überlisten | verseckle, versole |
| überraschend | stotzig, ungsinnet |
| überreden | überschnöre, überschnure |
| überreif | teigg, zytig |
| überschüssig, übrig | voorig, fürig |
| Uhr | Zyt |
| umarmen | arfle, ärfele |
| umfallen | umgheie, umtroole |
| umher | desume |
| umherhasten | umehüschtere |
| umherkriechen | umegraagge |
| umherschweifen, umherstrolchen | schwanze |
| umorganisieren | umorgele |
| umschlagen | überschla |
| umsonst | vergäbe |
| Umständlichkeit | Stämperete |
| umwerfen | überschla, umgheie |
| umziehen | zügle |
| Umzug | Züglete |
| unansehnlich | nüütelig, nüütig |
| unappetitlich | gruusig |
| unaufgefordert | unghöische |
| unaufrichtig | faltsch, hinderrucks, schlychig |
| unerhört | unerchant |

| Deutsch | Schweizerdeutsch |
|---|---|
| unerwartet | gääi, ungsinnet |
| **Unfall** | Ungfell |
| **Unfolgsamkeit** | Ufölgigi |
| unfreundlich | muggig, ugattlig |
| ungebeten | unghöische |
| ungefähr | öppe |
| ungehemmt | gradane, gradanig, grediuse |
| ungehobelt | grobhölzig, uschaflech, uschaflig |
| ungehorsam | ufölgig |
| ungekämmt | ungstrählt |
| ungelenk | gsperig, gstabig |
| ungewohnt | ungwanet |
| **Ungeziefer** | Chäfer, Vych |
| unglaublich | unerchant |
| **Ungleichgewicht** *(Kippe)* | Gnepfi |
| **Unkraut** | Gjätt |
| **Unglück** | Ungfell |
| **Unmenge** | Uhuuffe |
| **Unmensch** | Uhund |
| unordentlich | nuuschig, hurschig, verhüeneret |
| Unordnung | Chrousimousi, Ghudel, Gnuusch, Kramousi, Verlag |
| unruhig | urüejig |
| unsolide | lützel |
| unterbrechen | dryfunke |
| unterhalten, sich | vertörle, sech |
| **Unterhemd, Leibchen** | Lybli, Underlybli |
| unterkriegen | bodige, möge |
| unterlassen | underwäge la |
| **Unterrock** | Gloschli |
| **Unverfrorenheit** | Tupee |
| unverträglich | hässig |
| unwohl | mudere, muderig |
| **Urin** | Brunz, Bysi, Seich |
| urwüchsig | urchig |

| Deutsch | Schweizerdeutsch |
|---|---|
| **V** | |
| **Vagabund** | Löitsch |
| **Vater** | Ätti, Vati |
| **verärgert** | muff |
| **Veranstaltungsleiter** | Tätschmeischter |
| **verderben** | verchachle, vercheibe, versöile, vertüüfle |
| **verdriesslich** | gnietig, ulydig, massleidig |
| **verdutzt** | stober |
| **verfangen** | verfa |
| **verflixt** | verflüemeret |
| **vergebens, vergeblich** | vergäbe |
| **verhätscheln** | verbypääbele |
| **verhauen** | vertöffle |
| **verhökern** | verhütze |
| **verkaufen** | verkytsche, verquante |
| **verkehrt** | lätz, tromsig, tschärbis, zunderobe |
| **verklagen, verraten** | verbrüele, verrätsche |
| **verkrümmt** | verzworgget, verzworgglet |
| **verkümmern** | särble |
| **verlangen** | höische |
| **verlästern** | verhächle |
| **verlegen** | verhüenere, vernuusche |
| **Verletzung** | Näggi |
| **verloren** | bachab |
| **vermischen** | minggmänggele |
| **vermoost** | vermieschet |
| **vermutlich** | allwäg, äuä |
| **verpassen** | verlauere |
| **verpetzen** | verrätsche |
| **verplappern, sich** | verschnäpfe, sech |
| **verprügeln** | abschla, abschwarte, brätsche, fitze |
| **verrückt** | dubetänzig, verhürsche |
| **verschleppen** | verschleicke, verzaagge |
| **verschmieren** | verchaare, versöile |
| **versessen, voreilig, hastig** | schützig |
| **verspielen** | verlauere |

| Deutsch | Schweizerdeutsch |
|---|---|
| verspotten | ushunze, zäpfle |
| versprechen, sich | verschnäpfe, verplappere, sech |
| verstampfen | stungge |
| verstehen | nachecho, versta |
| verstimmt | toub |
| Vertiefung *(im Boden, im Feld, in der Matratze)* | Tüele, Tuele |
| Vertrauen | Fyduz |
| vertuschen | verminggmänggele |
| verwachsen *(Baum, Mensch)* | verzworgget, verzwogglet |
| verweint | verbrigget, vergrännet, verhüület |
| verwischen | verminggmänggele |
| verwirren | verhürsche |
| verzichten | underwäge la |
| vielleicht | allwäg, äuä |
| Vogelkäfig | Chefig, Chrääze |
| Volksmusikstücke | Hudigääggeler |
| vorbeugen, sich | fürelige |
| vorerst, vorläufig | afe, efang |
| vorrätig | fürig |
| vorschwatzen | vorschwafle |
| vorsichtig | süferli, süferlig |
| vorspiegeln | vorschwafle, vorspienzle |
| vorwärts | fürsi |
| vorweg | vorzueche, vorzue |
| vorzeigen | spienzle |

# W

| | |
|---|---|
| wackeln | gnepfe, lodele, lottere, waggele |
| Wagenladung | Fueder |
| währenddessen | derwyl, derwyle |
| wahrlich | wäger, wägerli |
| wahrscheinlich | äuä |
| Waldkauz | Huuri |
| Waldrebe | Niele |
| Walnuss | Boumnuss |

| Deutsch | Schweizerdeutsch |
|---|---|
| walzen | troole |
| wälzen | trööle |
| wanken | gnoppe, gwaggle |
| Wanzen | Wäntele |
| Ware | Ruschtig |
| Wäscheschleuder | Uswindi |
| watscheln | pfösele |
| Wechselgeld | Usegäld |
| weg | ewägg, wägg |
| weggehen | abhoue, abzottle, furtga |
| Weilchen, Weile | Wyli, Rung, Rüngli |
| Weinbeere, Rosine | Wybeeri |
| weinen | briegge, gränne, hüüle, plääre |
| Weinlese | Läset |
| Weisung | Kunzine |
| Weisskohl | Chabis |
| weiter | fürsi, wyter |
| weit herum | zäntume, zäntum |
| welk sein *(Blumen)* | schlampe |
| weniger | minder, minger |
| wenigstens | emel, ömel |
| werfen | gheie, pänggle, schiesse, schmeisse |
| westschweizerisch | wältsch |
| Westwind | Wätterluft |
| widerborstig | pääggelhäärig |
| widerlich | gruusig |
| widerreden *(mürrisch)* | moffle |
| Wiege | Wagle |
| Wiese | Matte |
| wild | usöd |
| wimmeln | gramsle, ragle, weebere, weiele |
| Windbeutel | Ofechüechli |
| Windböen | Strubuussete |
| Windstoss | Chut |
| winseln | süüne, weiele, wouele |
| Winzer | Läser |
| Wippe | Gygampfi |

| Deutsch | Schweizerdeutsch |
|---|---|
| **wirklich** | würklech, gwüss, myseel, sauft, suber, wäger |
| **Wirtshaus** | Beiz |
| **wohl** | sauft, täfel |
| **wohlanständig** | gattlech, gattlig |
| **wohlauf** | buschper, täfel, zwäg |
| **wohler** | baas |
| **wohlschmeckend** | chüschtig |
| **Wohnung** | Bhusig, Loschy |
| **wortkarg** | mutz |
| **wühlen** | nüdere, nüele |
| **wunderbar** | ds Zähni |
| **wund reiben** | ripse, schürfe |
| **wünschen** | begäre, welle |
| **Wut, Zorn** | Töibi |
| **wüten** | töbere |

| Deutsch | Schweizerdeutsch |
|---|---|
| **Z** | |
| Zahnfleisch | Bilgere |
| zanken | chifle, händle, zangge |
| zappeln | zable |
| Zappelphilipp | Fägnäscht |
| Zaunlatte | Scheieli |
| zausen | struble, wuusche |
| Zecke | Zägg |
| Zehnrappenstück | Zähni |
| Zeit | Zyt |
| Zeitschrift | Heftli |
| zerfallen | verbrosme, verbrösmele, vergheie |
| zerfetzen | verhudle |
| zerkauen | verchätsche |
| zerknittern | verchrugle, verfungge, verrumpfe |
| zerknüllen | verwuusche, wuusche |
| zerkratzen | verchräble, verchrible |
| zerkrümeln | brösmele, verbrosme, verbrösmele |
| zerlegen | vertrome |
| zerlumpt | verhudlet |
| zerschlagen | verheie, vertrome |
| zerstören | kabutt mache, vercheibe, vertüüfle |
| zerwühlen *(Bett)* | verborze |
| zerzausen | verwuusche |
| zerzaust *(vom Wetter)*, übel zugerichtet | vertschudlet |
| Zichorie | Schyggoree |
| Zicklein | Gitzi |
| Ziege | Geiss, Gybe |
| Zigarette | Sargnagel, Sesch |
| Zins | Zeis |
| Zipfelmütze | Zöttelichappe |
| zitronengelb | gybeli-gääl |
| zittern *(vor Kälte)* | gütterle |
| zornig | chuzig, toub |
| Zucchini | Zucchetti |
| Zuckererbsen | Chifel |

| Deutsch | Schweizerdeutsch |
|---|---|
| **Zuchtstier** | Muni |
| **zugkräftig** | zügig |
| **zugrunde gehen** | hindenabe, verräble |
| **zuhalten** *(Ohren, Augen)* | verha |
| **zuhören** | lose, zuelose |
| **zunehmen** | dicke, trüeje |
| **züngeln** | flämmle |
| **zunichte** | bachab |
| **zupfen** | strupfe |
| **Zürcher** | Zürihegel *(eher derb)* |
| **zurechtgemacht** | zwäg |
| **zurechtkommen** | bcho, z Schlag cho |
| **zurechtlegen** | bäschele |
| **Zurechtweisung** | Poschtornig |
| **zurück** | ume, zrügg |
| **zurückhalten** | bha, hinderha |
| **zusammenbrechen** | chrisaschte, chroose, zämegheie, zämetroole |
| **zusammenknüllen** | zämechrugle |
| **zusammenprallen** | zämetütsche |
| **zusammenraffen** | zämeramisiere |
| **zuschlagen** *(die Türe)* | schletze |
| **zuwenden** | zueha |
| **Zwanzigrappenstück** | Zwänzgi |
| **Zwiebel(n)** | Zibele, (bildl.) Uhr |

# Speisen | Lebensmittel
## A–Z

## Schweizerdeutsch – Deutsch A–Z

| | |
|---|---|
| **Adrio** | Kloss aus Bratwurstmasse |
| **Älplermagrone** | Teigwaren mit Kartoffeln, Käse und Schinken |
| **Anke** | Butter |
| **Äppeeri** | Erdbeeren |
| **Bäredräck** | Lakritze |
| **Bäremutz** | Berner Lebkuchen |
| **Beizi** | Marinade |
| **Bettmümpfeli** | Betthupferl *(Süssigkeiten vor dem Zubettgehen)* |
| **Biberli** | lebkuchenartiges Gebäck |
| **Birewegge** | brotförmiges, süsses Gebäck mit Birnenfüllung |
| **Blätzli** | Schnitzel *(Fleisch)* |
| **Blauchabis** | Rotkraut |
| **Boumnuss** | Walnuss |
| **Brätchügeli** | Klösschen aus Bratwurstmasse |
| **Brüsseler** | Endivien |
| **Brunsli** | Weihnachtsgebäck |
| **Cervelat** | Fleischwurst |
| **Chabis** | Weisskohl, (bildl.) 1. Kopf, 2. Stumpfsinn, Unwahrheit |
| **Chätschi** | Kaugummi |
| **Chifel** | Zuckererbsen |
| **Chirsi, Chirschi** | Kirschen |
| **Chnöpfli** | Mehlspeise, ähnlich wie Spätzle |
| **Chöhli** | Grünkohl |
| **Chräbeli** | Anisgebäck zu Weihnachten |
| **Chrosle** | Stachelbeere |
| **Chrutstile** | Mangold |
| **Chüttene** | Quitten |
| **Cornet** | Eistüte |
| **Cornichon** | kleine Salzgurke |

## Speisen | Lebensmittel A–Z

| | |
|---|---|
| Egli | Barsch |
| Eierschwumm | Pfifferling |
| Flädli | Suppeneinlage, Streifen aus Eierteig |
| Fleischvogel | Fleischroulade |
| Fotzelschnitte | Brotschnitte, gebacken |
| Gaggo | Kakao |
| Gipfeli | Hörnchen, Blätterteiggebäck |
| Gnagi | Eisbein, Schweinshaxe |
| Gonfi | Konfitüre, Marmelade |
| Grittibänz | 1. alter Mann, 2. Männchen aus Hefeteig zum St. Nikolaustag |
| Gröikts | geräuchertes Fleisch |
| Gschnätzlets | Geschnetzeltes |
| Gschwellti | Pellkartoffeln |
| Güezi, Guezli | kleines, meist süsses Backwerk, Keks |
| Güggeli, Poulet | gebratenes Hähnchen, Broiler |
| Guggumere | Gurken |
| Hackblätzli | Frikadelle, Fleischpflanzerl |
| Hamme | Beinschinken, gekocht |
| Härdöpfel | Kartoffeln |
| Härdöpfelstock | Kartoffelpüree |
| Heiti | Heidelbeere |
| Himpi | Himbeere |
| Hörnli | Teigwaren, Gabelspaghetti |
| Yigchlemmts | Sandwich, Stulle |
| Laffli | Schulterstück vom Schwein oder Schaf |
| Magebrot | Lebkuchengebäck, spez. am Jahrmarkt |
| Mailänderli | spez. Weihnachtsgebäck |
| Marroni | Esskastanien |
| Meertrübeli | Johannisbeere |
| Merängge (Meringues) | Sahnebaiser |
| Mischtchratzerli | ganz junges Brathähnchen |
| Modelschinke | in Form gepresster Schinken |

| | |
|---|---|
| **Moscht** | Apfelsaft, *ugs. auch für* Benzin |
| **Mütschli** | Semmel |
| **Nidle** | Sahne |
| **Nüsslisalat** | Feldsalat, Rapünzchen |
| **Ofechüechli** | Windbeutel |
| **Paprika** | Gewürz |
| **Patisserie** | Konditorei; feines Gebäck |
| **Peperoni** | Paprika |
| **Peperoncini** | Peperoni |
| **Peterlig** | Petersilie |
| **Rande** | Rote Bete |
| **Rüebchöhli** | Kohlrabi |
| **Rüebli** | Karotten, Möhren |
| **Runggle** | Runkelrübe |
| **Schabziger** | Glarner Kräuterkäse |
| **Schyggoree** | Zichorie |
| **Schoggela, Schoggi** | Schokolade |
| **Schysshüsler** | Eisbecher Dänemark |
| **Schüüfeli** | Schulterblatt des Schweines |
| **Schweizi** | in Fett und eigenem Saft gedämpfte Speise |
| **Silserli** | Laugenbrötchen |
| **Söischmutz, Schwyfeissi** | Schweinefett |
| **Stierenoug** | Spiegelei |
| **Suuser** | Federweisser, Sauser |
| **Täfeli** | Bonbon, Zuckerzeug |
| **Tanggel** | Mehlteig, schlecht ausgebackener Teig; allzu dicke Mehlspeise, zähe Masse |
| **Tätschli** | Kartoffelpuffer |
| **Tirggeli** | fingerlanges, schwimmend gebackenes Gebäck, das vor allem im Advent und für Erntefeste gebacken wird |
| **Vorässe** | Ragout, Fleischstücke, lange gekocht |
| **Vogelheu** | uriges Gericht aus Brotwürfeln, Ei, |

## Speisen | Lebensmittel A–Z

|  |  |
|---|---|
|  | Milch und Zwiebeln |
| **Weggli** | weisses Milchbrötchen |
| **Wienerli** | Wiener Würstchen |
| **Wybeeri** | Weinbeere, Rosine |
| **Vermicelles** | Esskastanienpüree |
| **Zibele** | Zwiebel(n), (bildl.) Uhr |
| **Zigünerspiess** | Schaschlik |
| **Zucchetti** | Zucchini |
| **Zaabe, Znacht** | Abendessen, Abendbrot |
| **Zimis** | Mittagessen, Zwischenverpflegung |
| **Zmittag** | Mittagessen |
| **Zmorge** | Frühstück |
| **Znüüni** | Neunuhrbrot |
| **Zvieri** | Vesper, Brotzeit, Jause |

# Deutsch – Schweizerdeutsch A–Z

| | |
|---|---|
| Apfelsaft | Moscht *(ugs. auch für Benzin)* |
| Barsch | Egli |
| Beinschinken *(gekocht)* | Hamme |
| Berner Lebkuchen | Bäremutz |
| Betthupferl | Bettmümpfeli |
| Bonbon, Zuckerzeug | Täfeli |
| Brathähnchen *(sehr junges)* | Mischtchratzerli |
| Brathähnchen, Broiler | Güggeli, Poulet |
| Brotschnitte, gebacken | Fotzelschnitte |
| Butter | Anke |
| Eisbein, Schweinshaxe | Gnagi |
| Eistüte | Cornet |
| Endivien | Brüsseler |
| Erdbeeren | Äppeeri |
| Esskastanien | Marroni |
| Esskastanienpüree | Vermicelles |
| Feldsalat, Rapünzchen | Nüsslisalat |
| Fleischroulade | Fleischvogel |
| Fleischwurst | Cervelat |
| Frikadelle | Hackblätzli |
| Geschnetzeltes | Gschnätzlets |
| Grünkohl | Chöhli |
| Gurken | Guggumere |
| Heidelbeeren | Heiti |
| Himbeeren | Himbeeri, Himpi |
| Hörnchen | Gipfeli |
| Johannisbeeren | Meertrübeli |
| Kakao | Gaggo |
| Karotte, Möhre | Rüebli |
| Kartoffeln | Härdöpfel |
| Kartoffelpüree | Härdöpfelstock |
| Kartoffelpuffer | Tätschli, Reiberdatschi (bayr.) |
| Kaugummi | Chätschi |

Speisen | Lebensmittel A–Z

| | |
|---|---|
| **Keks** | Güezi |
| **Kirschen** | Chirsi, Chirschi |
| **Kohlrabi** | Rüebchöhli |
| **Konditorei** | Patisserie *(auch feines Gebäck)* |
| **Konfitüre, Marmelade** | Gonfi |
| **Kostprobe** | Versuecherli |
| **Lakritze** | Bäredräck |
| **Laugenbrötchen** | Silserli |
| **Lebkuchengebäck** | Biberli |
| **Mangold** | Chrutstile |
| **Marinade** | Beizi |
| **Milchbrötchen** | Weggli |
| **Paprika** | Peperoni |
| **Pellkartoffeln** | Gschwellti |
| **Peperoni** | Peperoncini |
| **Petersilie** | Peterlig |
| **Pfifferling** | Eierschwumm |
| **Quitten** | Chüttene |
| **Ragout** | Vorässe |
| **Rauchfleisch** | Gröikts |
| **Rote Bete** | Rande |
| **Rotkraut** | Blauchabis |
| **Runkelrübe** | Runggle |
| **Sahne** | Nidle |
| **Sahnebaiser** | Merängge (Meringues) |
| **Salzgurke** *(klein)* | Cornichon |
| **Sandwich, Stulle** | Yigchlemmts |
| **Sauser, Federweisser** | Suuser |
| **Schaschlik** | Zigünerspiess |
| **Schnitzel** | Blätzli |
| **Schokolade** | Schoggela, Schoggi |
| **Schweinefett** | Söischmutz, Schwyfeissi |
| **Schweinsschulterblatt** | Schüüfeli |
| **Schweins- oder Schafschulterstück** | Laffli |
| **Semmel** | Mütschli |
| **Spiegelei** | Stierenoug |

| | |
|---|---|
| **Stachelbeeren** | Chrosle |
| **Suppeneinlage** | Flädli |
| **Walnüsse** | Boumnüss |
| **Weinbeeren, Rosinen** | Wybeeri |
| **Weisskohl** | Chabis |
| **Windbeutel** | Ofechüechli |
| **Zichorie** | Schyggoree |
| **Zucchini** | Zucchetti |
| **Zuckererbse** | Chifel |
| **Zwiebel(n)** | Zibele, (bildl.) Uhr |

| | |
|---|---|
| **Abendessen** | Zaabe, Znacht |
| **Frühstück** | Zmorge |
| **Mittagessen** | Zimis, Zmittag |
| **Neunuhrbrot** | Znüüni |